ペルー――ジャガイモのふるさとは

湖上の浮島の小さな畑に育つジャガイモ。ここティティカカ湖周辺がジャガイモのふるさと（ペルー・カンタウイ島。撮影・伊藤章治）

収穫されたジャガイモ。さまざまな色と形が、原産地ならではの遺伝子の多様性を物語っている（ペルー・ワンカベリカ。AP Images）

フランスにジャガイモを普及させた農学者アントワーヌ・パルマンティエ（1737-1813。1812年。©Bridgeman/PPS）

ヨーロッパ各地に普及したジャガイモ。ミレーの「晩鐘」にもジャガイモが描かれている（1859年）

ジャガイモは旧大陸に広がった

アイルランド——ジャガイモとともに歩んだ国

〈左〉アイルランド・アラン諸島のジャガイモ畑。石垣に囲まれた畑がえんえんと続く。現在は牛の放牧地となっているところも多い（撮影・伊藤章治）
〈右〉大飢饉の原因となったジャガイモ疫病の菌がついたジャガイモの葉（電子顕微鏡で撮影。©Science Photo Library/PPS）

朝市・夕市にはジャガイモが並ぶ。アイルランド・ダブリンの街角で（撮影・伊藤章治）

日本のジャガイモの風景

「天に一番近い畑」はジャガイモ畑。ニドイモを植え付ける（長野県飯田市上村下栗。提供・飯田市上村自治振興センター）

北海道のイモ畑。ジャガイモの花が燦然と咲く（瀬棚郡今金町。提供・北海道今金町役場）

中公新書 1930

伊藤章治著

ジャガイモの世界史

歴史を動かした「貧者のパン」

中央公論新社刊

はじめに

クーデターとジャガイモ

一九九一年八月十九日午前六時二分、ソ連の国営タス通信はヤナーエフ副大統領令と、ソ連国家非常事態委員会の次のような「ソヴィエト国民へのメッセージ」を流した。

ミハイル・ゴルバチョフは健康上の理由でソ連大統領職の遂行が不能になったため、ソ連憲法一二七条第七項に基づき、十九日より（ヤナーエフ副大統領が）ソ連大統領を代行する。

これに先立ち保守派は、クリミア半島の別荘で夏期休暇中のゴルバチョフに「全権をヤナーエフ副大統領に委譲せよ」と迫っている。いわゆる保守派のクーデターの勃発《ぼっぱつ》である。

しかし、このクーデターは市民の強い抵抗に遭い、三日間であえなくついえた。ペレストロイカ（改革）、グラスノスチ（公開）で鍛えられた市民は、「文明国でこんなやり方は許されるはずがない」として市中にバリケードを築き、戦車の前に立ちはだかったのだった。

後日、「保守派はこのクーデター決起にあたり、ある『読み』をしたのだ」との「解説」が、広く巷《ちまた》に流れる。その「読み」とは次のようなものだった。

今年のジャガイモは豊作。市民は畑や別荘の庭に植えたジャガイモの取り入れに忙しいはずだ。モスクワのクーデター反対の市民集会に多数が顔を出すことはあるまい。

クーデター後に出版された『KGBとCIA――ペレストロイカの秘密の主因』（ヴャチェスラーフ・シローニン）は、クリュチコーフKGB（国家保安委員会）議長がKGBの幹部会議で、

「ジャガイモの収穫を手伝うために、二〇〇〇人のKGB職員を農村に派遣すべきだ」

と発言した事実を明らかにしている。クリュチコーフKGB議長はクーデターの首謀者のひとりだ。

この発言には、「非常時にはまず食糧の安定が第一。ジャガイモの収穫作業に万全の体制を」との思惑が込められていたことは疑いない。さらに深読みすれば、「KGB職員が収穫作業を手伝えば、農民が畑を離れることは難しかろう。抗議集会への参加者も減るのでは」、との計算もあったのかもしれない。

この援農計画が実現する前にクーデターはあっけなくつぶれ、クーデター派の「読み」もまた大きくはずれた。民主化の歩みを止めようとする保守派のクーデターに怒った数千人の市民

は、ジャガイモ収穫作業を投げ出して抗議集会に駆けつけたのである。

とはいえ保守派の「読み」に理由がなかったわけではない。モスクワを中心に北緯四五度から六五度に及んでロシア平原が広がる。そんな平原国家のロシアではジャガイモは「生命線の食糧」といわれ、パンがなくてもジャガイモさえあれば何とか生きていけると人々は信じている。だから政変が起こると政界関係者やアナリストは、

「今年のジャガイモの収穫状況はどうか」

をまず調べる。凶作なら民衆の不満は加速して騒ぎは大きくなるし、豊作なら大きな騒ぎにはならないとされてきたからだ。そんな経験則に沿っての保守派の「読み」だったのだが、民主化の波はそれを、大きく超えていたのだった。

ロシア（旧ソ連）に限らず、実はジャガイモは歴史の曲がり角や裏舞台で大きな役割を果たしている。

フランス革命とジャガイモ
米国大統領とジャガイモ
産業革命とジャガイモ
足尾《あしお》鉱毒事件とジャガイモ……。

ジャガイモこそが歴史の「隠れた主役」、「蔭の実力者」だった。大衆に寄り添い、世界を救った食物。それがジャガイモだった。

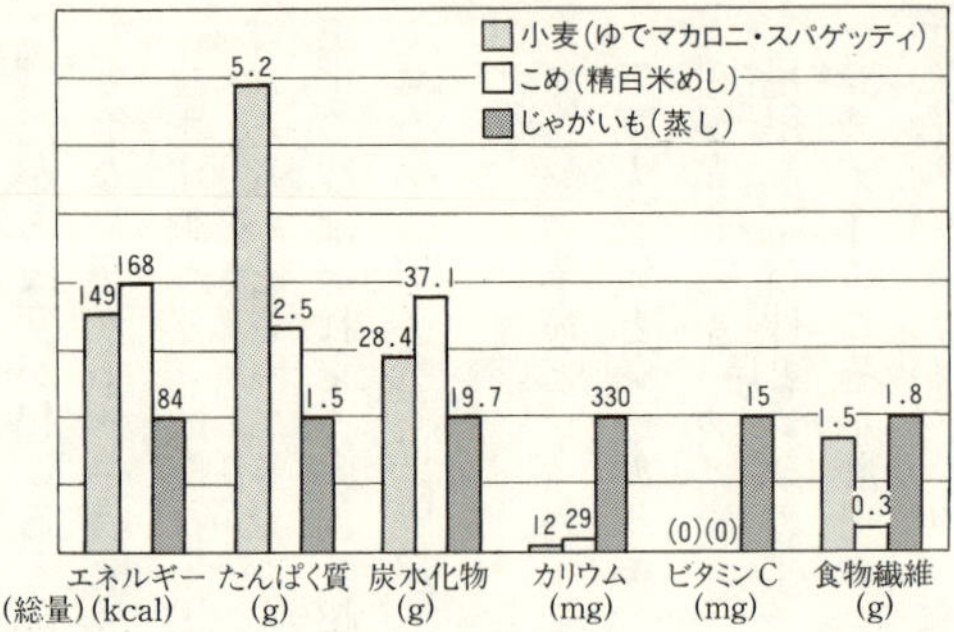

ジャガイモの栄養価　グラフはジャガイモを100としたときの相対値をあらわす（『五訂増補食品成分表2006』による）

ジャガイモの素顔

歴史に大きくかかわり、ときに政治までをも動かしたジャガイモの素顔と実力についてまず、みておきたいと思う。

ジャガイモはナス科の多年草で学名はソラヌム・トゥベロースム（*Solanum tuberosum*）。原産地は南米ペルーの標高四〇〇〇メートル前後の高地で、西暦五〇〇年頃、人間の手による栽培化が始まったとみられている。

ジャガイモの熱量は、可食部一〇〇グラムにつき約八四キロカロリーで、米の約一六八キロカロリーには及ばないものの、ビタミン類もミネラルも豊富だ。加えてアンデス原産とあって寒冷地や瘠《や》せた土地でも育つたくましさも持つ。麦、米、トウモロコシと並び、世界四大作物のひとつだ。

ただし、有毒なソラニンを含むから、調理の際には芽や緑色の皮の部分を除去することが必要である。原産地アンデスの民は、収穫したジャガイモを戸外に放置、夜間の凍結、昼間の解凍を繰り返したうえでさらにこのジャガイモを足で踏み、残った水分と一緒にソラニンも絞り出して乾燥イモをつくっている。

南北に長い日本列島の場合、ジャガイモの二期作も可能だ。高緯度地帯にある北海道や東北では、年一回（春作、春に植えて晩夏から初秋に収穫）の栽培だが、低緯度地帯にある長崎県をはじめとする西南暖地では、年二回（春作、冬に植えて春に収穫。秋作、晩夏から早秋に植えて晩秋から冬に収穫）の栽培が盛んに行われている。ジャガイモは収穫後しばらくは発芽しない（休眠期間）という特性がある。その特性を利用し、西南暖地では休眠期間が短い品種、年一回栽培の寒冷地では春の雪解けを待って植え付けされるため、一〇〇日以上の長い休眠期間を持った品種が用いられている。

二〇〇八年（平成二十年）は国連の「国際ジャガイモ年」である。「発展途上国における食糧としてのジャガイモの重要性についての認識を高める」ことが目的で、国連食糧農業機関（FAO）が提唱、二〇〇五年（平成十七年）の国連総会で採択された。「国際ジャガイモ会議」など、さまざまな国際会議も予定されている。食糧危機に思いをめぐらし、ジャガイモの真価を再確認、再評価するまたとない機会である。

私も旅に出たいと思う。十六世紀に南米のペルーから旧大陸に渡り、「貧者のパン」となったジャガイモ。はるばる地球の裏側の日本にまでやってきて、「お助け芋」としてしばしば飢《き》饉《きん》の窮状を救ったジャガイモ。その足取りを追っての時間（歴史）と空間（地理）の旅に——。

まず、日本の公害の原点足尾鉱毒事件をめぐる物語から始めたい。

ジャガイモの世界史　目次

口絵デザイン・中央公論新社デザイン室

第一章　オホーツク海のジャガイモ

1　栃木から最北の地へ

千葉牧場

メルヘンの世界さながらの風景が広がっていた。ここは北海道常呂《ところ》郡佐呂《さろ》間町《まちよう》字栃木《とちぎ》。その栃木地区のとば口に千葉牧場はある。

赤い屋根の牧舎とそれを取り囲む濃い緑の牧草。サイロでは長い冬に備えての牧草取り込みが続き、牧場わきには武士《ぶし》川が、静かに瀬音をたてて流れている。だが、この美しい風景、美しい開拓村をつくり上げるまでの開拓民の道のりは、険しいものだった。

その武士川のほとり、現在の千葉牧場近くに、かつては開拓民のための仮小屋（着手小屋、共同小屋）三棟が建っていた。屋根と周囲を樹木の皮で覆っただけで、寝床の下には木の葉が

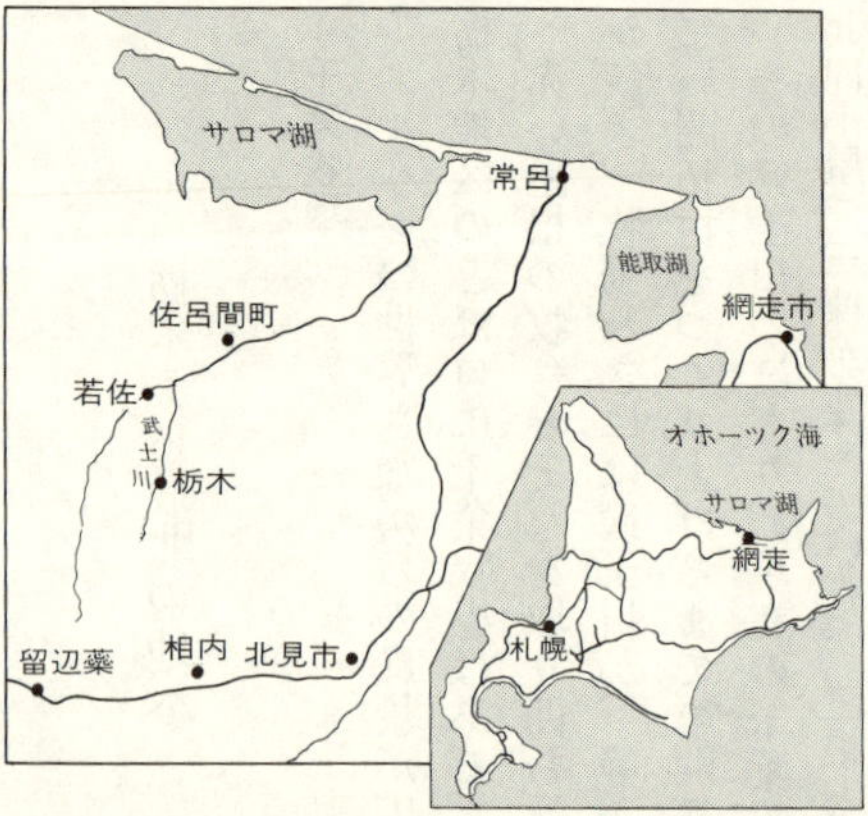

敷かれていたという。ここに寝泊まりしながら、熊笹《くまざさ》に覆われた原生林の開拓が始まった。この一帯はいわば「開拓の原点」だ。

千葉牧場の牧場主、千葉清美の母千葉イシは、一九一一年（明治四十四年）四月、父親の今泉勇次郎に連れられて、六人家族でこの地に入植した。栃木県からの第一次入植である。当時十二歳だったイシは、開拓の体制が整うまでの約半年間、近くの相内《あいのない》（現北見市）に子守りとして働きに出る。

「本当に辛《つら》かったと母は言っていた。栃木県から出てきたばかりの十二歳の少女には、北海道の言葉はまるで外国語。話し好きだった母は生前、何度も何度も、開拓時代の苦労を私に語ってくれた」

「開拓小屋は屋根にも壁にも隙間《すきま》があり、月の光が差し込んだそうだ」

と千葉清美。

千葉イシ一家を含むこの第一次の入植者は六六戸、二百四十余人。栃木県下都賀《しもつが》郡南部八ヵ町村の足尾銅山鉱毒被害者たちだった。オホーツク海を望むサロマベツ原野の一角へのこの入植の背後には、近代日本の悲しいドラマ足尾鉱毒事件が黒々と影を落としている。

公害の原点・足尾

足尾鉱毒事件を改めてみておきたい。

足尾銅山は栃木県上都賀《かみつが》郡足尾町（現日光市）にあり、渡良瀬《わたらせ》川の源流に位置して、世界遺産の日光と山ひとつで隣り合っている。

足尾銅山は天文《てんぶん》年間末期（一五五〇年頃）に発見され、一六一〇年（慶長《けいちょう》十五年）には幕府直轄の鉱山となった。その後、明治政府、さらには日光県、宇都宮県、栃木県の管轄を経て一八七七年（明治十年）、古河市兵衛《ふるかわいちべえ》（一八三二〜一九〇三）が鉱業権を譲り受け、操業を開始する。

自ら先頭に立って坑道を歩き回る市兵衛の気迫と勇猛果敢な経営で、一八八一年（明治十四年）、さらには一八八四年（明治十七年）と相次いで大富鉱が発見され、産銅量は急上昇する。

一八七七年（明治十年）に四六トンだった足尾銅山の産銅量が、一八八二年（明治十五年）には一三二トン、翌八三年（明治十六年）には六四七トン、さらに八四年（明治十七年）には二二八六トンとなる。

一八九三年（明治二十六年）の「重要金属山一覧」によると、足尾の産銅量は五六七〇トン。愛媛県の住友別子《すみともべっし》銅山の二三七〇トンを大きく引き離しての全国第一位である。

富鉱発見で勢いを得た市兵衛は一八八八年（明治二十一年）、東南アジア全域に商権を持つ英国のジャーデン・マジソン商会との間に売銅契約を交わす。売渡約定トン数は一万九〇〇〇トン、受渡期限は一八八八年（明治二十一年）九月三日から一八九〇年（明治二十三年）十二月二十九日までで、価格は横浜渡しで一〇〇斤（六〇キログラム）二〇円七五銭だった。

この契約の結果、銅の市況が急落するなか、古河だけが巨額の利益を手にする。六五〇万円を超える契約で、現在の貨幣価値なら数百億円と思われる。

それをもとに市兵衛は、足尾銅山の近代化に打って出る。一八八九年（明治二十二年）、日本第三号の水力発電所間藤《まとう》水力発電所の建設に着手（翌年完成）、同時に「プランジャー型電気ポンプ」を坑内に据え付け、排水と鉱石巻き上げの高能率化を実現させた。さらに一八九三年（明治二十六年）には、世界最先端の製銅技術「ベッセマー式製銅」の試験操業にこぎつける。それまで三二日かかった製銅工程がわずか二日に縮まるという「大革命」だった。その結果、翌一八九四年（明治二十七年）の足尾の産銅量は五八七七トンとなる。もちろん全国一の産出量である。

坑道も延びに延びた。足尾の坑道の総延長は約一二〇〇キロ。鉄道の営業距離でみるとざっと東京―博多間の距離である。

壮絶な被害

足尾の銅は近代日本の殖産興業を支え、日清《にっしん》、日露の戦争で日本を勝利に導いた。しかし同時に、この大増産で鉱害被害も一気に拡大する。亜硫酸ガスに加え砒素《ひそ》も含んだ足尾銅山の製錬所の煙で、周囲の山々ははげ山、枯れ木の山と化した。総理府資源調査会の実態調査（一九五三年）によれば、足尾の煙害被害地は次のようになる。

裸地（鉱煙濃厚にして、植物生育不能）	二五九八ヘクタール
激害地（森林経営不可能、耐煙樹種植栽）	四六一八ヘクタール
中害地（耐煙樹による低度の林業経営可能）	八〇八五ヘクタール
微害地（葉のみ被害微候、林業経営可能）	一万五五五七ヘクタール
合計	三万八五八ヘクタール

煙害被害地合計の三万八五八ヘクタールとは、横浜市の面積の七割強にあたる。

一八九〇年（明治二十三年）、渡良瀬川が大洪水を起こし、足尾鉱山から有毒重金属を含む鉱《こう》泥《でい》が大量に流出した。下流の栃木、群馬両県の田畑が全滅する。

一八九六年（明治二十九年）、一八九八年（明治三十一年）にも大洪水が流域を襲った。被害農民の東京への数次の押し出し（集団陳情）にもかかわらず、古河も明治政府も何ら対策を取らない。栃木出身の代議士田中正造《たなかしょうぞう》（一八四一〜一九一三）は一九〇一年（明治三十四年）、議員を辞して足尾鉱毒事件を明治天皇に直訴した。「明治の二大社会事件」のひとつで、直訴状

足尾銅山の鉱滓（こうさい）のヤマ　「日本のグランドキャニオン」ともいわれる。旧松木村にて（撮影・鍔山英次）

を書いたのは社会主義思想家で万《よろず》朝報《ちょうほう》社の記者だった幸徳秋水《こうとくしゅうすい》（一八七一～一九一一）だ。後に秋水は、「明治の二大社会事件」のもう一方、「大逆《たいぎゃく》事件」で死刑となる。

直訴事件にあわてた明治政府は、発生源対策ではなく下流の谷中《やなか》村（現栃木県藤岡町《ふじおかまち》）に遊水池をつくることで、高まる反鉱害の世論をかわそうとする。湖底に沈む谷中村村民や、鉱毒で田畑を汚染された渡良瀬川流域の農民らはふるさとを追われた。

2　入植を支えたジャガイモ

辛酸

栃木県庁は、（足尾鉱毒事件の）罹災《りさい》者の救済対策として、谷中村を立退いた一部の農民と鉱毒水害を蒙《こうむ》った下都賀郡南部八か町村の人達、又、一般の人達を含め希望者を募って北海道移民を斡旋《あっせん》したが、これは、たまたま北海タイムス記者渡辺常次氏が、同県下部屋《へや》村において北海道開拓移民を募集していたのに同調したものである。

一九八二年（昭和五十七年）に入植の当事者たちが編んだ記録集『栃木のあゆみ』（栃木部落史編集委員会編）は、こう記している。

佐呂間へはその後、栃木県からの第二次入植も行われ、一次、二次を合わせると入植戸数は八八戸になった。出身地の内訳は部屋村三九戸、谷中村一八戸、寒川《さむかわ》村八戸、藤岡町五戸、三《み》鴨《かも》村五戸、生井《なまい》村三戸、赤麻《あかま》村二戸、豊田《とよだ》村一戸、水代《みずしろ》村一戸、日光町《にっこうまち》一戸、不明五戸である。

千葉イシ一家は寒川村（現小山《おやま》市）の出身だ。

さて、第一次入植六六戸の一行は一九一一年（明治四十四年）四月七日に栃木県を出発、青《せい》函《かん》連絡船で北海道に向かった。途中船火事に遭い大混乱、函館到着後は列車で札幌、旭川《あさひかわ》、池《いけ》田《だ》、陸別《りくべつ》へと進み、十二日にやっと野付牛《のつけうし》（現北見市）にたどり着いた。「貨物列車で、ムシロ敷き」という苦難の旅だった。

移民団の責任者としてこの第一次入植に同行した栃木県足利町《あしかがまち》助役大貫権一郎が詳細な日記を残しており、当時の状況をつぶさに知ることができる。

○四月一三日　早朝、野付牛発。青年会員、一〇輛《りょう》の馬車寄贈。老幼者、馬車分乗。他

歩行。途中雪どけ。泥濘《でいねい》、膝《ひざ》を没する程度に及ぶ。歩行困難。相内部落で歓迎。国旗（屯田兵村）全員感泣。午後四時、部落民家分宿。夜降雪。娘を子守りに取り決めた者もいた。今泉勇次郎の娘、イシもその一人。八歳の妹サダは、常呂《ところ》へ子守りに。千葉イシ一二歳は相内へ。留辺蘂《るべしべ》、二尺以上の雪で泣き出す者、帰りたいといい出す人多勢。

○四月一四日　午前七時発。老幼者、馬車に分乗。（中略）留辺蘂より約三里は峠。一方山岳。一方渓谷。危険、困難想像外。融雪中の雪路歩行容易ならず。足跡あやまれば、二尺〜三尺の雪中に両脚没し、両股《もも》にて止まる状況。（中略）武士（現在の若佐《わかさ》）着（行程九里）各民家に分宿。月光を仰ぎ午後九時頃着。

○四月一六日　午前八時出発。移住地実査。（中略）移住地への道路、雪中山路、カンジキ着用歩行す。積雪二尺〜四尺以上。天然大木、天空を蔽《おお》う。熊笹は、雪にしき伏せられ、深山に入りたるごとし。熊笹五尺〜六尺茂生《もせい》して大熊の出没を感じさせる。

○四月一七日　学校内に起臥《きが》。毛布、蒲団《ふとん》で身を囲うも寒気強く安眠出来ず。

○四月一九日　洗顔水、ほとんど氷《こお》らんばかりの寒冷。頭髪を洗うも、櫛《くし》を入れる時、すでに氷となる。

○四月二一日　仮小屋に移転。

（注・一尺は約三三・三センチメートル、一里は約三・九二七キロメートル）

開拓当初の暮らしについては千葉イシが後年、こう書いている（『栃木のあゆみ』）。

雪も融《と》けた六月には、共同住居（仮小屋の意）から通って自分の土地の開墾にはげんだ。そして、開墾のかたわら建てた家に移り住んだのは秋頃だった。（中略）入植した年は、種子を蒔《ま》くのが六月上旬頃となり、蕎麦《そば》、馬鈴薯《ばれいしょ》、南瓜《かぼちゃ》などを植えた。（中略）入植した年は、食糧も充分収穫できず、家族の多い家はたいへんだったろうと思う。（中略）そんな生活でも、楽しみと言えば盆踊り（八木節）だった。踊って苦労を一時、まぎらわせていた。今思えば、現在の生活は、まるで天国のようだと思う。

開拓の最初に住んだ小屋（着手小屋）

そんな開拓地を入植者たちは望郷の念を込めて「栃木」と命名、神社を建て、寺を建立した。

しかし、東西と南を山に囲まれ、北にオホーツク海を望むこの栃木地区の気象条件は厳しいものだった。日照時間は短く、オホーツク海からの冷気が容赦なく入り込む。極寒の一月下旬から二月上旬にかけては、気温は氷点下二七度まで下がった。積雪は二メートルを超え、海霧にも悩まされた。

ジャガイモが支えた

酸性度の強い土地だったが、そんな劣悪な土地でもジャガイモは育った。千葉イシが書いているように、開拓民は入植後すぐに、ジャガイモを植えている。そのジャガイモがソバ、カボチャと並んで主食になった。長い北海道の冬。開拓民が厳しい寒さに耐え、脚気《かっけ》にもかからずに生き抜くことができたのは、ジャガイモとカボチャのお蔭《かげ》である。

もうひとつ、開拓民の生命を支えたのが武士川の恵みだった。全長一一キロ、佐呂間別川《さろまべつ》（通称サロマ川）に合流してサロマ湖へと注ぐ武士川は、今では幅員一メートルから三メートルほど、水深も一メートルに満たないが、開拓当初は荒々しく、生命のあふれる川だった。山女《やまめ》、ウグイ、泥鰌《どじょう》、鱒《ます》、鮭《さけ》……。鮭や鱒はいくらでもとれ、開拓者たちはそれを塩漬けにして冬の食糧に充てたのだった。

入植まもない一九一三年（大正二年）、大雪による大凶作が栃木地区を襲う。食物は底をつき、人々はいったん植えた種イモを、新芽が出るのを待って掘り出して食べた。さらに種イモの皮をできるだけ厚く剝《は》ぎ、皮の部分だけを植えて残りを食糧にするなどの試みもする。

「やっぱりそれは無理で、イモは育たなかったと聞いている」

と千葉清美。第四章で触れる、種イモまで食べつくしたアイルランドの「ジャガイモ飢饉」と、なんと相似た光景であることか。

一九四五年(昭和二十年)、終戦。その前後、日本中どこも極度の食糧難だった。「一〇〇〇万人餓死説」が流れ、食糧メーデー(一九四六年)が荒れ、各地で「米よこせデモ」が繰り広げられた。そんななかで手間がかからないジャガイモ栽培はブームとなり、栃木地区でも耕地の半分がジャガイモ畑と化した。牛に引かせる大型の「芋掘取機」が共同購入されたのもこの頃である。

さらに一九四九年(昭和二十四年)頃からは食用でなく、でんぷん原料イモの作付けがほとんどとなり、「耕地の大半が馬鈴薯」(『栃木のあゆみ』)となる。栃木地区内にも「栃木共同澱《でん》粉《ぷん》工場」がつくられ、一九五三年(昭和二十八年)の工場閉鎖の頃まで、「芋景気」が続いた。

ジャガイモ栽培で農業経営の基礎を固めた開拓民たちはその後、酪農に転進、「酪農立町」を成功させた。千葉牧場も今、七五頭の乳牛を飼う大規模酪農家である。

「小学生の頃から、ジャガイモの収穫期には学校を休んで取り入れを手伝った」

と振り返る千葉清美。かつて佐呂間町の助役も務め、町の歴史にも明るい宇佐美不二夫も、

「戦中戦後、学校での子どもたちの弁当の多くはイモだった。終戦後のイモの大増産で町の基礎ができたのは確か。わが町はジャガイモに支えられたと思う」

と言うのである。

3 芋判官

奇跡の出会い

それにしても、足尾鉱毒事件の被害民とジャガイモとの出会いには、深い感慨を誘われる。

ジャガイモの原産地は南米ペルーのティティカカ湖のほとりだ。西暦五〇〇年頃に栽培化が始まり、十六世紀にはインカ帝国を滅ぼしたスペイン人によって旧大陸ヨーロッパに持ち込まれたジャガイモ。それがやがて、スペインからオランダに持ち込まれ、十六世紀末にはオランダ船員によって海路、ジャワ島（現インドネシア）のジャカトラ（ジャカルタの古名）から日本に運ばれてくる。地球の裏側、ペルーからは数万キロの旅だったろう。

北海道へのジャガイモ移入については、一七〇六年（宝永《ほうえい》三年）、松兵衛なるものが瀬棚《せたな》（現檜山《ひやま》支庁内）の漁場近くに開畑して、他の野菜類とともに栽培したという記録がある（『北海道事典』北海道新聞社）。

その後、北海道の冷涼な気候に適応して道南地方を中心に広く普及、北海道開拓を大きく支えた。

北海道でのジャガイモ普及で、忘れてならない人物がいる。湯地定基《ゆちさだもと》（一八四三〜一九二八）である。湯地は一八四三年（天保《てんぽう》十四年）、薩摩《さつま》藩士の長男として生まれた。乃木希典《のぎまれすけ》陸軍大将夫人静子の兄である。藩命を受けて一八七〇年（明治三年）、アメリカにわたってマサチューセッツ農科大学で農政学を学んだ。師は後に札幌農学校の初代教頭に招聘《しょうへい》されるクラーク博士（一八二六～八六）である。帰国後、函館近くの七重《ななえ》勧業試験場（現亀田《かめだ》郡七飯町《ななえちょう》）に勤務、北海道開拓使制度が廃止され、函館、札幌、根室《ねむろ》の三県に分かれたとき、初代根室県令（知事）に任ぜられる。一八八二年（明治十五年）二月のことだった。

赴任先の根室地方は当時、深刻な食糧不足に悩んでいた。土地の人たちは漁業に従事、主食の米麦だけでなく蔬菜《そさい》類も海路で他地方から求めていた。しかし、その海運は名物の海霧や流氷に阻まれてしばしば止まり、住民は米麦の欠乏に悲鳴をあげる。湯地は米麦に代わるものとして、ジャガイモに賭《か》ける。当時、「五升《ごしょう》イモ」と呼ばれたジャガイモの種イモを手に、県令自ら各農家を回ったのである。さらに湯地は農具までも与え、半ば強制的に栽培を勧めた。『根室市史』（一九六八年）も次のように綴《つづ》っている。

湯地県令は、まず下僚を督励して地方民の農事普及に努めたが、農業と漁業とはおのずから性格を異にし、住民の多くは漁業には就くが、農業はいずれも忌避して一向に実績が挙がらなかった。そこで県令は強権を発して根室在住の各戸に種子・農具を与え、農事に就くことを命令するとともに、米穀の代用として馬鈴薯を播《ま》くことを大いに奨励したが、当初町民や漁民はこの命令を迷惑がったくらいである。しかし県令みずから各戸を訪問してこれを奨《すす》めたので、渋々試作するようになり、しかも地味に適してその成績もよく、次第にこれにならう者も多く、ついに馬鈴薯は根室地方の特産物となって、冬季間の食糧事情の不安を緩和するまでになったと伝える。

紆《う》余曲折《よきょくせつ》を経ながらもジャガイモは、道内で最も厳しい条件の道東地区に根付いていく。一九〇九年（明治四十二年）の根室郡の農作物の収穫高などをみてみよう（表）。

ジャガイモは収穫金額では燕麦《えんばく》には及ばないものの、大麦、小麦を大きく上回っている。

表　根室郡の農作物収穫高（1909年）

種　別	作付反別	収穫高	金　額
大　麦	4.1反	55石	443円
小　麦	0.1反	1石	9円
燕　麦	321.5反	5311石	13950円
馬鈴薯	137.1反	114325貫	8162円

注：1反＝約991.7平方メートル、1石＝約180リットル、1貫＝3.75キログラム（『根室市史』による）

後に人々は感謝を込めて湯地を「芋判官《いもほうがん》」と呼んだ。湯地は七重勧業試験場勤務時代の一八七六年（明治九年）、明治天皇の函館巡幸を記念して赤松の並木をつくるが、その赤松街道は今も、国道五号線にその姿を残している。

もし、湯地のジャガイモ普及の努力がなかったとすれば、そして佐呂間の地にそれが伝わっていなかったとすれば、足尾鉱毒事件の被害民がサロマベツ原野での開拓で舐《な》めたであろう辛酸は、現実のそれを数倍するものだったと思われる。

地球を半周し、北海道にたどり着いたジャガイモの旅。鉱毒被害民らのふるさとを追われての長く苦しい佐呂間への旅。そのふたつの旅がオホーツク海を望む原野で出会い、小さな開拓村が生まれた。佐呂間の地は、ジャガイモの原産地ティティカカ湖の波静かなたたずまいとは対照的な、激浪渦巻くオホーツク海を望む地だったが、ここでもジャガイモはやさしく開拓民に救いの手を差し延べたのだった。

心意気と親切心と

谷中村廃村一〇〇年にあたる二〇〇六年（平成十八年）秋、私は栃木地区を歩いた。

地区の中央に位置するのが栃木神社だ。第一次集団入植六六戸の心のよりどころにと、故郷宇都宮市の国幣中社、二荒山《ふたあらやま》神社から「大物主命《おおものぬしのみこと》、事代主命《ことしろぬしのみこと》、三《み》穂姫命《ほつひめのみこと》の御分霊を拝受」したことから始まるという。ご神木はイチイの巨木で、当初は神社の建物はなかったが、一九一三年（大正二年）には間口八間（一四・五四メートル）、奥行き四間（七・二七メートル）の社殿が新築されている。

栃木地区に待望の学校が誕生したのは、入植から三年目の一九一三年六月一日だった。「下佐呂間尋常小学校所属栃木特別教授場」というのが正式名称で、開校当初は栃木神社社殿が教室だった。この社殿兼教室の建設費はすべて、地区民の道路工事への出役によって得た賃金で賄《まかな》われた。「子どもたちへの教育こそが明日をつくる」との親たちの熱い思いがあってのことだ。近代日本の民衆の「心意気」が感じられる。

開校当時は教師一人、児童六九人。幼い兄弟を連れ、子守りを兼ねて授業を受ける子どももいた。学校に持ってくる昼食の弁当も、ジャガイモ、カボチャ、イナキビがほとんどだったという。

一九一七年（大正六年）、独立校舎がつくられたが、一九八六年（昭和六十一年）に閉校となっている。跡地には今も、「栃木小学校」「元栃木小学校跡地」と刻まれた二本の門柱が立つ。校舎跡地やグラウンド跡には牧草地が広がり、往時をしのばせるのは校舎わきにあったポプラの巨木だけだ。

佐呂間の町を歩いて、何度となく人々の親切心に触れた。

「どこから来なさった。お茶でも飲んでいきなされ」

栃木小学校跡地

「傘を貸しますよ」

と、人々が声をかけてくる。戸惑うほどの親切さだ。食べることも畑を開くことも、「助け合い」なしには進まなかった荒地の開拓時代に培われた互助精神によるのだろうか。アイルランドの民は苛酷《かこく》な自然との戦いのなかで「不屈の精神」を身につけた。佐呂間の入植者が、そうした不屈の精神に加え「やさしさ」「思いやり」をも身につけたとするなら、これほど誇るべき歴史はほかにあるまい。

他に道はなかったか

「それにしても」と思う。谷中村を湖底に沈め、栃木の農民たちをふるさとから引き剝がして北海道の原野に追いやった古河市兵衛と明治政府に、他の方法、他の選択肢はなかったのか、それだけが、唯一の選択だったのか——と。

「違う」と思う。他の選択もあり得たと思う。事実、足尾と並び戦前の「四大鉱害事件」のひとつとされる日立《ひたち》鉱山の場合は、足尾とははっきりと違う道を選んでいる。

日立鉱山は茨城県の北東部、現在の日立市にある鉱山である。藤田組を退社した久原房之助《くはらふさのすけ》(一八六九〜一九六五)がこの鉱山を買ったのは日露戦争直後の一九〇五年(明治三十八年)だった。かつて藤田組が経営する小坂《こさか》鉱山(秋田県)で所長を務めた久原は、鉱山での鉱害問題の重要性を熟知、「煙害問題を処理せずして鉱山《やま》の発展はない」との姿勢で日立鉱山の経営にあたった。

日立でも当初、鉱害(煙害)の発生を防げなかった。それに対して日立は、補償係を常時約一〇〇人置き、煙害が出たという知らせがあれば即座に現地に飛んで、実損より約一割多く補償金を支払ったのである。風向の悪い日には、操業制限や燃料転換も行った。

しかし、補償金の支払いだけではことは解決しないし、次第に補償額もかさんでいく。何とか発生源対策を、と考えた日立は、鉱山付近に一二の気象観測所を設置し、観測を重ねて、高層には海に向けて安定した風が吹いていることを突き止める。そして久原は高煙突建設を決意、製錬所の裏山の標高三〇〇メートル地点に、高さ一五六メートルの大煙突を立てるのである。当時の世界一となるこの大煙突は一九一五年（大正四年）三月一日に使用開始。この日本初の高煙突拡散で、煙害の約八割は解決、「那須野《なすの》が原への集団移転も覚悟しなくては」という瀬戸際まで追い詰められていた被害農民たちも、胸をなで下ろしたのだった。ここには足尾と違う選択、足尾と違う結果がある。

近代日本の悲哀

古河鉱業編の『創業一〇〇年史』（一九七六年）の巻頭に、古河市兵衛のポートレイトが載っている。着物姿で濃い眉《まゆ》の市兵衛だが、心なしか横顔がもの寂しい。豆腐売りから身を起こし、強烈な立身出世志向で「銅山王」にまで駆け上がった市兵衛だが、幸せを手にすることはできたのであろうか。妻は神田川（東京）で入水自殺、「鉱毒事件を苦にしての自殺」との見方も消えない。

市兵衛の姿と、庶民、大衆へ温かいまなざしを持つ余裕のないまま富国強兵、欧米列強の仲間入りを目指してひた走った近代日本の姿とが、重なってみえる。

第二章　ティティカカ湖のほとりで――ジャガイモ発祥の地

1　ふるさとの湖で

湖上のジャガイモ畑

ジャガイモ畑は、なんと浮島の上にまであった。

ここはティティカカ湖。アンデス山脈のほぼ中央部、標高三八一二メートルに位置し、汽船が航行する湖としては地球上で最も高所にある。ペルーとボリビアの二国にまたがり、面積八一四〇平方キロと、琵琶湖《びわこ》の約一二倍の大湖である。そしてここを訪れる旅行者の多くが、高山病による頭痛や心臓のあおりに苦しめられる。なにしろ富士山よりも高所なのだ。

ペルー側のプーノの街の桟橋から小船に乗り込み、湖上の村に向かう。湖水は濃い緑色。水面に青い空と白雲が映り、湖の随所にトトラと呼ばれる葦《あし》に似た植物が群生する。ただし、葦

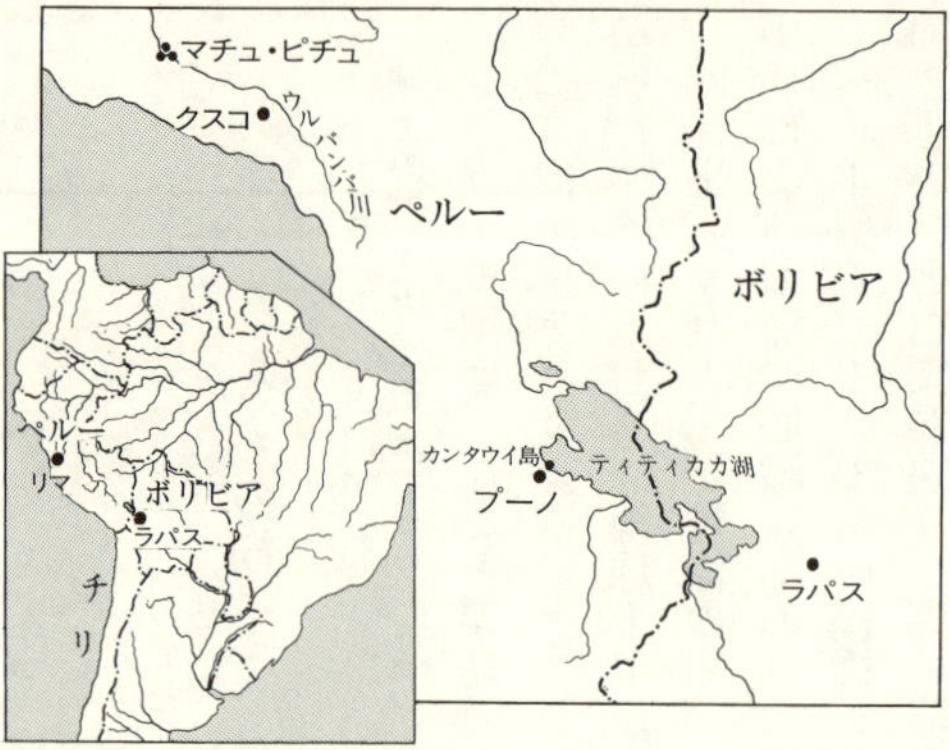

がイネ科であるのに対し、トトラはカヤツリグサ科フトイ(太藺)の一種だという。

微風を頬《ほお》に受けながら、トトラの間を縫って湖面を進むこと三〇分。トトラでつくられた浮島のひとつ、カンタウイ島に到着する。

直径五〇メートルほどの円形の島の片隅にジャガイモ畑はあった。トトラの根についた土などを利用して浮島の一角を畑とし、種イモを植えたという。私が訪れたのは三月末だったが、イモ畑には薄紫色の可憐《かれん》な花が咲き、湖からの風に揺れていた。小さな畑だが、島の六世帯二六人のほぼ一ヵ月分のイモがとれるのだという。

さっそく、島の住民から話を聞く。漁師のアルフォンソ・ドラン・ポルセーラ。

「ジャガイモかい。もちろん大好きさ。ひとりが一日に七個から一五個くらい食べるね。島でつくるだけでは足りないから不足分は町の市場で買う。乾燥イモ・チューニョもよく買うね。今は米も入るようになったが、昔はイモだけだった。父や祖父の時代は、湖でとれる魚と、陸地でとれるジャガイモとを物々交換していたそうだ。今でも、別の島の人たちは物々交換を続けているよ。ジャガイモのない暮らし？　そんなものは想像できないな」

　かたわらで、赤、青、緑の民族衣装を身にまとい、民芸品を売っている妻のイルマ・スワンニア・キスペがうなずきながら言う。

「家族は四人です。ジャガイモは魚や肉と一緒にいつも料理しています。朝、昼、晩といただきます。ジャガイモのない暮らしなんて、私も考えられません」

浮島の上にもジャガイモ畑が　ティティカカ湖で

　ティティカカ湖西岸近くのこの一帯には、カンタウイ島のようなトトラでつくられた大小四〇ほどの浮島が湖面に並び、そこでスペイン人に追われたといわれる先住民ウル族などの末裔《まつえい》約七〇〇人が湖上生活を続けている。生業はトゥルチャと呼ばれる鱒などをとる漁業と、民芸品などを売る観光業。学校や教会もまた水の上で、子どもたちはこれまたトトラで造られた小舟で学校に通う。

　浮島は人工の島で、一年かけてつくられるという。長さ五〜六メートルのトトラの根の部分を湖底の土と一緒にブロック状に切り出し、それをいくつか横に並べて浮島の底面にする。その上に切り取ったトトラを交互に重ねて積み、厚さ二・五メートルほどにし、そうしてできた島を、流されないように湖底に打ち込んだ長い木の杭《くい》とロープとで固定する。浮島の耐用年数は約三〇年だそうだ。

そんな浮島にも電気が引かれていた。フジモリ元大統領が、太陽光パネルを設置したのだという。元大統領はアンデスの辺地までしばしば足を運び、人々の声を聞いたという。人権侵害や汚職の容疑でペルー政府から訴追されている元大統領だが、その人気は、地方では今なお根強い。

島で興味深い話を聞いた。島人たちが仲たがいすることもある。そのときは、島をふたつに切り離す「島割り」をするのだという。このカンタウイ島も「島割り」をしたばかり。以前は一四家族がひとつの島で暮らしていたそうだ。

ジャガイモのふるさとはティティカカ湖のほとり

ティティカカ湖のほとりの標高三八〇〇メートル級の高原地帯こそが、今、私たちが食する栽培ジャガイモのふるさと、ジャガイモ発祥の地だという。山本紀夫は『ジャガイモとインカ帝国』のなかで、次のように記している。

それを示す証拠が、そこ（ティティカカ湖畔を中心とする中央アンデスの高地）にはいくつもある。たとえば、野天でひらかれている市に行ってみるとよい。そこでは地方色豊かな民族衣装をつけた農民がそれぞれ自分の家の畑でとれた農産物を持ち寄って売ったり、物々交換をしている。そして、その市で売られている多種多様なジャガイモこそは、この中央アンデス高地がジャガイモの故郷であることを物語っている。多種多様な品種の存在はアンデスの人たちが何千年もかけて改良した結果にほかならないからである。

（中略）

もっと決定的な証拠もある。それは、ジャガイモの祖先種とみられる野生種の存在である。ジャガイモに限らず、栽培植物はすべて人間が作りだしたものであり、栽培植物にはすべて野生の祖先種がある。野生状態にあった植物を、人間が自分たちに都合のよいように手を加えて改良したもの、それが栽培植物だからである。

アンデスのジャガイモ畑

真っ先に栽培化されたのが学名ソラヌム・ステノトーマムと呼ばれる二倍体のジャガイモだった。栽培ジャガイモの体細胞中の染色体数は二四本、三六本、四八本、六〇本で、基本の染色体数が一二本のため、二四本のものを二倍体、三六本のものを三倍体、四八本のものを四倍体と呼ぶ。

二倍体のソラヌム・ステノトーマムを栽培しているうちに、さらに大型のイモをつける四倍体のジャガイモ、トゥベロースム種が誕生し、それが世界中で広く栽培されるに至ったとみられている(山本、前掲書)。

乾燥イモ・チューニョ

ジャガイモのふるさとアンデス山脈は、世界最長の山脈で、南アメリカの太平洋岸を南北に、九三〇〇キロメートルの長さで走る。北の端が北半球のベネズエラのコデーラ岬、南はチリ、アルゼンチンのフェゴ島まで及び、その間にコロンビア、エクアドル、ペルー、ボリビアが位置している。この山脈のまん中あたりが、ペルー、ボリビアの中央アンデスで、平均標高が四〇〇〇メートルを超すこの中央アンデスの村々では今も、ジャガイモが盛んに栽培され、乾燥イモ・チューニョがつくられている。チューニョは毒抜きをし、長期保存を可能にした、アンデスの民の知恵の結晶でもある。

チューニョの作り方はこうだ。

季節は乾期の六月頃がいい。この頃、夜の気温は氷点下五〜一〇度くらいまで下がり、朝には霜もおりる。しかし、昼頃には、太陽の強い日差しで気温が摂氏一五度くらいまで上昇する。そんな激しい日中の気温変化こそがチューニョづくりには必要なのだ。

野天にジャガイモを広げる。ひとつひとつのイモが重なったり接したりすることなく広げる

左から男爵イモ、白いチューニョ、黒いチューニョ

のがコツだ。全部のイモが十分に外気に触れるようにして、数日間放置する。

放置されたジャガイモは、夜間は凍結、日中は解凍する。それを数日続ければ、イモは手や足で軽く押しただけでなかの水分が吹き出すようになる。そうなったイモを、今度は集めて小山状にし、足で踏みつける。当然、イモからは水分がほとばしり出る。足での踏みつけは、イモから水分が出なくなるまで続けられる。

それだけではまだ作業は終わらない。踏み終わったイモをふたたび野天に広げて、数日間放置する。湿度三〇パーセント、夜は氷点下、昼は十数度という激しい気温変化で、イモの水分はほとんど取り除かれ、チューニョができ上がる。小石状に縮んだチューニョはもとの生のイモに比べて、大きさは半分ないし三分の一になる。ペルーで手に入れた私の手元にあるチューニョは、直径約三センチ、重さ約八グラムである。

このチューニョ、水分を除去されているから一〇年近くも保存できる。自家食用としても便利だし、交易品としても重宝される。現在と違って交通が不便だった時代には、チューニョの保存食としての意味や価値はさらに大きかったはずだ。また、この足踏み、水分押し出しの過程でジャガイモの有毒成分アルカロイド物質のソラニンを押し出しているのだ。

足で踏んで水分やソラニンを押し出すチューニョを「黒いチューニョ」と呼ぶそうだ。それに対し、川の流れのなかに吊《つる》し、水分を押し出してつくる乾燥イモを「白いチューニョ」と呼んでいる。これらを実際に食するときは一昼夜水につけて戻し、スポンジ状になったものを細切りなどにし、スープに入れたり、肉などと炒《いた》め物にしたりする。「こりこりとしておいしい」と本には書いてある。

私も試食してみた。まず、まる一昼夜、水につけて戻す。黒いチューニョは沈み、白いチューニョは水面に浮いた。ともに時間とともにふやけていき、水はやがて黄色く濁った。

ほぼ二四時間水に浸したあと、手で皮を剝《む》き、スライスしたうえでベーコンと炒めてみた。「黒いチューニョ」は歯ごたえ、粘りとも残り、イモの味も失われていない。結構いける。「白いチューニョ」のほうは、ポテトフライにより近い感じで味が薄い。ベーコンと合わせ食べれば、これも悪くない。

帰国して自宅近所の主婦グループにも試食をお願いしたが、とくに黒いチューニョは「レンコンに似たしゃきしゃき感がある」と好評だった。

「スープのほうが合うのでは」という意見が出、さっそく、試みる。玉ネギを加えてコンソメスープにしたが、これもなかなかの味わいだった。現地ガイドが「アルパカ（ラクダ科の家畜）の肉と乾燥イモでスープをつくって飲むと、体が温まる」と言っていたのを思い出した。

ちなみにアルパカは鯨肉と似た味わいである。

「長期保存を可能にし、交換価値を高めたチューニョは、まぎれもなくヒット食品」というのが、私の結論である。

このチューニョには悲しい歴史も刻まれている。インカ帝国を征服したスペイン人は、一五四五年、ペルー副王領にポトシ銀山（現ボリビア南部）を発見、インディヘナ（先住民）たちを奴隷さながらに酷使して銀を採掘した。危険がいっぱいの水銀精錬法でつくり出された膨大な量の銀はスペインに運ばれ、価格革命と呼ばれる物価騰貴を引き起こした。そのインディヘナたちの食糧がチューニョだったのである。

チューニョを運び、鉱夫に売りつけたのもまた、スペイン人だった。インカ帝国滅亡直後、旧インカ領を歩いて各地の首長や住民から広範な聞き取りを行ったスペイン軍の兵士シエサ・デ・レオンは、

「そうして多くのスペイン人がこの方法で金持ちになり、スペインに帰っていった」

と怒りを込めて書いている（『インカ帝国史』増田義郎訳）。レオンは一介の兵士ながら滅亡したインカ文明への敬意と、それを破壊したものへの批判を忘れなかった稀有《けう》なスペイン人である。

2　インカ帝国を支えた食物

インカ文明の興亡

インカ帝国の首都だったクスコは赤い街だ。標高約三四〇〇メートルの盆地に、日干しレンガの赤、赤茶色の屋根瓦《やねがわら》の家々が立ち並ぶ。そして整然と敷き詰められた石畳の道を、赤、青、黄色の民族衣装をまとったインディヘナが行き交うのだ。

同時にクスコは悲しい歴史を歩んだ街でもある。「かみそりの刃一枚も通さない」といわれるインカ時代の見事な石組みの上に、征服者スペインは教会を建て、修道院を築いた。そして神殿や宮殿の金の飾りをことごとく剝ぎ取り、本国へ送ったのである。そんな傷跡が今も痛々しく残る。

クスコを首都とするインカ帝国は、十五〜十六世紀はじめに栄えたが、一五三三年にスペインによって滅ぼされた。北はコロンビア、南はチリ中部のマウレ川付近まで、南北五〇〇〇キロメートルの地域を版図とする大帝国で、最盛期の人口は一〇〇〇万人とも二〇〇〇万人ともいわれる。

インカとはもともとは王を指す言葉で、国王インカは神の化身、太陽の子とされ、祭政、軍事の全権を握り、専制政治を行った。その国王（皇帝）を頂点に、貴族、農民のピラミッド組織をつくった。広大な領地をがっちりと治めるために四つの地域に分け、それぞれ知事が任命された。首都クスコには神殿、宮殿、貴族・神官・軍人指揮官の住宅、広場、街路などが整然と配置された。

王の専制政治を支えたのが黄金である。シエサ・デ・レオンはこう書く（前掲書）。

世界中でこれほど金属のゆたかな王国はないと思う。なにしろ毎日のように、金であれ銀であれ、たいそう豊富な鉱脈が発見されている。そして、諸地方の多くの地で川から金が集められ、山で銀が採掘され、しかもそれがひとりの王のためなので、彼はひじょうに富を持つことができた。

この王国から産出した金銀の量は、後者が五万アローバ（一アローバは約一一・五キログラム）以上、前者が一万五〇〇〇アローバ以上に及んだ年もあったにちがいない。

インカ文明はまた、高度の都市設計思想を持ち、アンデス高地にアンデネスと呼ばれる段々畑を整備、循環水路、灌漑《かんがい》設備も見事につくりあげた。目を見張るような都城設計、精緻《せいち》を極めた石工技術、「サイフォンの原理を知っていたのでは」といわれる灌漑システムなどを、今も私たちは世界遺産マチュ・ピチュで目にすることができる。

マチュ・ピチュの段々畑　ここでジャガイモやトウモロコシが栽培された

そのマチュ・ピチュに足を運んだ。マチュ・ピチュはクスコから約一一〇キロ、ウルバンバ川流域に立つインカを代表する都市遺跡で、第九代のインカ皇帝パチャクティ（在位一四三八～七二）が築いた冬の都だったといわれる。クスコより約一〇〇〇メートル低い標高約二四〇〇メートルの奥深いジャングルに築かれたこの遺跡は、各地で破壊の限りを尽くしたスペイン軍の目を免れ、無傷で残った。インカ帝国滅亡から約四〇〇年、アメリカの歴史学者ハイラム・ビンガムが発見したとき（一九一一年）、マチュ・ピチュは深い草に埋もれていた。

蛇行するウルバンバ川を見下ろす切り立った山の鞍部《あんぶ》に造られたマチュ・ピチュは、南側だけが開け、北、東、西の三方は山の急斜面で囲まれた霧の名所だ。霧が晴れた瞬間に、ワイナ・ピチュ（二七〇〇メートル）の異形《いぎょう》の山容を背景に、遺跡の全容が忽然《こつぜん》と現れるさまは「空中都市」の呼び名に恥じない。

天空に少しでも近づき、祭事を執り行うために築かれたとみられるマチュ・ピチュ。そこには太陽の神殿、王女の宮殿などを中心に聖職者の居住区、貴族の居住区、庶民の居住区などが切り立った山腹の広場に並ぶ。そしてその周囲の断崖絶壁《だんがいぜっぺき》に、連綿と段々畑が続く。人々は隈《くま》なく配備された水路からの水で、ジャガイモやトウモロコシを栽培、リャマ、アルパカなどを飼って生活した。盛時の人口は五〇〇〇人とも一万人ともいわれる。文字こそ残さなかったものの、その見事な文明システムには感嘆の念を禁じえない。

もうひとつ、私たちを驚かせるのが「四通八達」という言葉がぴったりのインカの道路網だ。クスコから四方に、総延長四万キロメートルにも及ぶインカ道が張りめぐらされ、チャスキと呼ばれる飛脚《ひきゃく》制度もつくられた。大帝国の維持、運営には、命令伝達と情報収集が不可欠だ。何人かのチャスキによって、リレー方式で伝えられる情報が大帝国を支えたのである。そんなインカ道を今は、トレッキング愛好者が重いリュックサックを背に歩いている。

17世紀に描かれたジャガイモの植え付けの様子（ワマン・ポマ画。1615年）

インカ帝国の基盤はこれまでトウモロコシだったとされてきたが、近年では「実はジャガイモだった」とする説が提唱され、注目を集めている。

1、トウモロコシは温暖な気候に適した作物で寒冷な高地では栽培できない。普通は三〇〇〇メートル、高くて三五〇〇メートルあたりまでしか栽培されていない。一方、標高四〇〇〇メートルを超すような高地でもジャガイモは栽培されている。

2、人骨に含まれるたんぱく質から生前の食生活を直接に復元する方法でも、主要な食糧源はトウモロコシではなく、イモ類、豆類だった。

——などがその論拠とされる(『食文化探訪』石毛直道、『ジャガイモとインカ帝国』山本紀夫)。

今も主食

そんなインカの末裔たちは、今もジャガイモで生きている。ペルーの住民構成は先住民(インディヘナ)が四五パーセント、メスティーソと呼ばれる先住民と白人の混血が三七パーセント、白人が一五パーセント、その他三パーセント。先住民はケチュア語、アイマラ語などを話す。

クスコに住む会社員ニコラス・メンドーサ・テクシは、十五歳までクスコから四〇キロの標高三〇〇〇メートルの谷間の村で育った。

「ワロという村で皆、山の斜面の畑でジャガイモをつくっていました。アンデス高地に暮らすインカの末裔インディヘナの主食はジャガイモです。朝、昼、晩の食事にジャガイモを欠かしません。ふつう、朝食はジャガイモを蒸したワイコとスープ。スープにはアルパカの肉などを入れます。昼食はトウモロコシとか乾燥ジャガイモを湯でもどした簡単なものです。夕食もワイコとスープですが、乾燥肉を入れるなどしてスープの中身を工夫します」

とメンドーサ・テクシ。

「山の民にとっては間違いなくジャガイモが主食ですが、平地では米が主食の人も多い。鶏肉もよく食べます」

と言葉をつないだ。

ペルーでも今、彼のように山を降りて都市で仕事を探す者が増えている。一九九三年に約二五万五〇〇〇人だったクスコの人口は、現在三〇万人を突破している。

帝国の滅亡

話を歴史に戻そう。インカ帝国は十六世紀はじめに黄金を求めて攻め込んできたスペインに、無残に征服された。

一五三二年十一月十六日、スペインの征服者ピサロ（一四七五頃〜一五四一）はペルー北方の高地カハマルカでインカ皇帝アタワルパと会見する。このとき、アタワルパはアメリカ大陸で最大、かつ最も進歩した国家の絶対君主だった。

ピサロはわずか一六八人の「ならず者部隊」を率いていただけだったのに、約八万の兵を率いたアタワルパを、目を合わせたほんの数分後に捕らえてしまう。会見に同席した従軍司祭バルベルデが差しだした聖書を、事情を知らないアタワルパが地面に投げたことを機に、スペイン軍が騎馬隊を先頭にインカ軍を攻め、アタワルパを生け捕りにしたのだった。アタワルパは聖書のなんたるかを知らなかったのだから、一種のだまし討ちである。

なぜ、アタワルパはあっさりと生け捕りにされたのだろうか。スペイン側は銃、鎧兜《よろいかぶと》で武装、対するアタワルパ側は石の棍棒《こんぼう》、青銅の棍棒を持っていただけだったという兵器の差はもちろんあっただろう。そしてなにより、見たことのない巨大な馬（騎馬隊）に気圧《けお》されたためといわれている。

ピサロはその後、八ヵ月間、アタワルパを人質にとって身代金交渉を行う。縦二二フィート（約六・七メートル）、横一七フィート（約五・二メートル）、高さ八フィート（約二・四メートル）の部屋をいっぱいにする黄金をインディヘナに運ばせた後、約束を反故《ほご》にしてアタワルパを処刑する（一五三三年七月二十六日）。こうしてインカ帝国は事実上、滅亡した。

もうひとつ、インカ滅亡の大きな背景があった。スペイン人が持ち込んだ天然痘も、インカ滅亡を加速させた。この天然痘が免疫のないアメリカ先住民の間で大流行、一五二五年にはインカ皇帝ワイナ・カパック（在位一四九三〜一五二五）や高官たちが死ぬ。後継者に指名されたニナン・クヨナも死に、王位をめぐる内戦がアタワルパと異母兄弟のワスカルとの間で始まった。もし、インカ側が一致団結してスペイン軍と戦っていたら、その後のペルーはあるいは、別の道を歩んだかもしれない。

そしてジャガイモは旧大陸へ

その後ピサロはクスコに入城し、一五三五年一月十八日には新首都「リマ（諸王の都）」を建設したが、一五四一年にはそのリマで、内戦の結果、殺害されている。

生前のピサロは、宮殿や神殿を飾っていた黄金類を金の延べ棒にして本国スペインに送った。ピサロがアンデスの民から略奪し、本国に送った金銀は、母国にインフレを招いただけで、あっさりと蕩尽《とうじん》された。歴史に何も残さなかったそんな「不毛の土産《みやげ》」に対し、同じ頃持ち帰られたジャガイモは、戦乱や飢饉など歴史の曲がり角でしばしば、ヨーロッパの民を救う。「本物の贈り物」だったのである。

ジャガイモが廻《めぐ》るとき、ヨーロッパ史が廻《めぐ》る——。そのさまを次章以降でみていきたいと思う。

【コラム　ゲバラ終焉の地はジャガイモ畑】

ティティカカ湖は、ペルーとボリビアにまたがる大湖だ。そのボリビアの地で南米大陸解放のゲリラ闘争を展開したのが「永遠の革命家」「ゲリラ戦の芸術家」といわれるエルネスト・チェ・ゲバラ（一九二八～六七）である。

アルゼンチンの中流家庭に生まれ、ブエノスアイレス大学で医学を学んだゲバラは、キューバ革命を成功させた後、ボリビアに潜入して民族解放軍を結成（一九六六年）、ボリビア国軍を相手に果敢な戦闘を繰り広げる。

一九六四年、ゲバラはモロッコに住む未知の女性から「自分たちは親戚《しんせき》ではないか」との手紙をもらい、次のような返事を書いた。革命家ゲバラの真髄がうかがえる文章だ。

1964年2月20日、ハバナ

「経済の年」

モロッコ

カサブランカ（マーリフ）

リュ・ダナム36

マリア・ロサリオ・ゲバラ様

友よ

正直なところ、自分の家族がスペインのどこから来たのかはわかりません。当然ながら、食うや食わずの先祖が母国を離れてから長い年月がたっています。私にしても、同じ場所にとどまらないとしたら、居心地が悪いからにほかなりません。

あなたとはあまり近い血縁関係はないようですが、この世で不正が行なわれるたびに怒りに震えることができるなら、われわれは同志であり、そのことのほうが重要なのです。

革命に万歳

「祖国か死か。われらに勝利を」

司令官《コマンダンテ》エルネスト・チェ・ゲバラ

（『チェ・ゲバラ　わが生涯』エルネスト・チェ・ゲバラ著、ビクトル・カサウス編、角敦子訳）

ボリビアのジャングルでの闘争と暮らしを詳細に書きつけた『ゲバラ日記』（真木嘉徳訳）の最後の日付は一九六七年十月七日だ。

われわれは薄い月明かりをたよりに、一七時に出発。行進は困難をきわめ、渓谷を通ったあとには多くの足跡を残した。近くに家はなかったが、小川からひいた運河の水で灌漑されたバレイショの畠《はたけ》があった。二時、休憩のために中止。これ以上すすんでもしようがないと思ったからである。（中略）

標高＝二〇〇〇メートル

このアンデスの谷間のジャガイモ畑が、ゲバラ率いるゲリラ部隊の最後の戦場となった。戦闘の末にボリビア国軍に捕らえられたゲバラは、日記の日付の二日後の十月九日、近くの村で処刑された。

遠くを見つめる鋭いが涼やかな眼、そして美髯《びぜん》。稲妻のように時代を駆け抜け、三十九歳で散った永遠の革命家ゲバラを慕う声は今も絶えない。

第三章　ペルー発旧大陸行き——そしてジャガイモは広がった

1　だれが伝えたのか

無名の民の手で

一五三三年、インカ帝国はスペインによって事実上、滅ぼされた。そしてポトシ銀山などで産する膨大な銀がスペイン人によって、ごっそり本国に運ばれていった。同時にジャガイモも船乗りのポケットに入れられてスペインへと運ばれ、紆余曲折を経ながらも次第に旧大陸に根付き、「貧者のパン」として、ヨーロッパの大衆の窮状を救うのである。

そんなジャガイモが歩いた道、ジャガイモ普及の道をたどってみたいのだが、その道筋はおぼろげな輪郭しか見せてくれない。ペルー原産のジャガイモが、いつ、どのようにして旧大陸にもたらされたかという出発点の事情についてさえも、はっきりしたことはわかっていないのである。
ラリー・ザッカーマンはその著『じゃがいもが世界を救った』（関口篤訳）で、こう書いている。

　このじゃがいもをスペイン人が本国に持ち帰ったのは一五七〇年頃らしい。彼らが異国の土地で初めてじゃがいもを目にしてから三十年以上が経《た》った時点である。じゃがいもはまず「お土産」として大西洋を渡った。ポケットに入れて持ち帰る珍品である。しかし、それから三年後、この珍品は欧州で自らの歴史を歩み始める。まずセビリア（スペイン）の病院で患者の食用に供された。

さらにザッカーマンは、ヨーロッパへのジャガイモの普及についてこう続ける（前掲書）。

　一六〇〇年になると、欧州に見参して三十年が経っていたじゃがいもは、スペイン、イタリア、オーストリア、ベルギー、オランダ、フランス、スイス、イングランド、ドイツ、さらにはポルトガルとアイルランドにも入国を果たしていた。しかし、この堂々の進軍にも、実はまやかしがあった。この十一の国々のいずれにおいても、じゃがいもはまだ真の家郷を見出していない。菜園栽培に過ぎなかった。（中略）しかも、栽培に手を染めたの

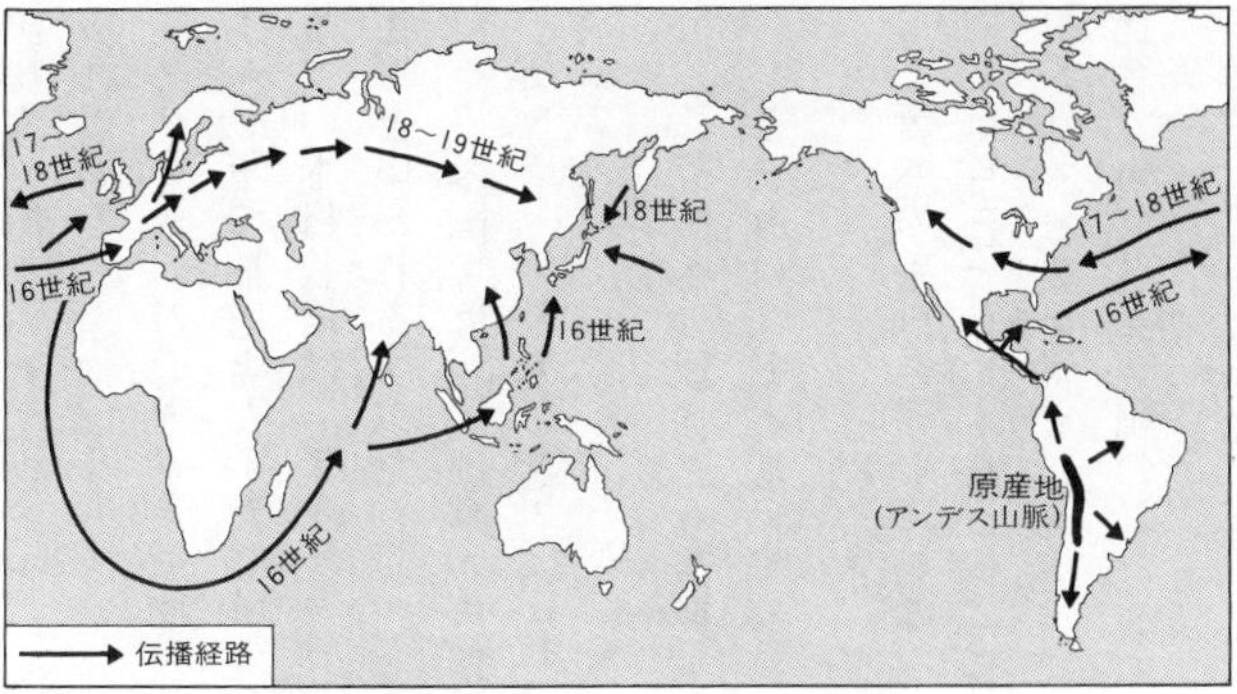

ジャガイモの伝播経路

は植物学者や研究家だけ。それも自前の菜園ではなく、貴族や裕福なパトロンの庭園を借りての細々とした栽培にすぎない。

スペインからの伝播

では、それぞれの国へはどう伝わったのだろうか。それについても判然とせず、例えば英国への移入についても、スペインの船がアイルランド沿岸で座礁、その船にジャガイモが積まれていたとの説もあれば、航海家であるウォルター・ローリー卿（一五五二頃〜一六一八）がもたらしたとの説もある。ジャガイモに言及したどの書物も「ウォルター・ローリーがジャガイモをもたらしたとする確かな証拠はない」と書いているから、どうやら軍配は船乗り説に上がりそうだ。ともあれ英国にジャガイモが伝えられるのは、十六世紀なかばから末の間と考えられる。

ドイツへはイタリア、もしくはスペインから入ったらしい。一五八八年にはフランクフルト・アム・マインなどの植物園で植えられていたというが、一般の栽培は、三十年戦争（一六一八～四八年）の後とみられている。

フランスへのジャガイモ移入は十六世紀末とみられるが、一般への普及は十八世紀で、プロイセン軍の捕虜となった経験を持つパルマンティエが広めたとされる。さらに米国でのジャガイモの本格栽培は、アイルランドからの移民の手で行われたとみられる。「地球を一周した食物」といわれる所以《ゆえん》だ。

その米国では、ジャガイモは独立運動に伴走する。独立運動の指導者で、後に第二代大統領となるジョン・アダムズ（一七三五～一八二六）は、

英国への屈従より最悪の貧困のほうを選ぶ。（中略）不当かつ恥ずべき屈服を受け入れるよりは、じゃがいもを食べ水を飲もう。

と妻への手紙に書いている。さらにザッカーマンは、初代大統領となるジョージ・ワシントン（一七三二～九九）が一七六七年に自分の地所にジャガイモを植えさせたこと、第三代大統領トマス・ジェファソン（一七四三～一八二六）が一七七二年という早い時点にジャガイモを食べていた事実を紹介したうえで、

一七九五年の大飢饉の時、英本国のジョージ三世の王室でパンの代わりにじゃがいもを食膳にのせた記録はない。英米のこの違いを対比すれば、全体像の相違がすでにこの頃から始まっていたことになる。

と書いているが、興味深い指摘だ。米国ではジャガイモは、独立軍の軍隊食の役割も担っていた。米国は、ジャガイモに対する偏見や中傷と、ほとんど無縁だった数少ない国である。日本には、十六世紀末にオランダ人の手でジャワ島のジャカトラ（ジャカルタの古名）から運ばれた。そこから転じて、ジャガイモと呼ばれるのだという。

後に「貧者のパン」として、多くの人々を救うジャガイモだが、みてきたように普及の経路も時代もはっきりしない。無名の民が運び、広げ、無名の大衆の暮らしを支えたところが、いかにもジャガイモらしいではないか。

寒冷地でも栽培可能というのがジャガイモの底力であろう。それが普及に大いに役立った。アンデスの四〇〇〇メートル級の高地で生まれたジャガイモは、北ヨーロッパの寒冷地などものともせず、豊かな収穫をもたらしたし、地下茎の先端に肥大したイモを形成するため、鳥などに食い荒らされることもなかったのである。

生産性の高さも普及を後押しした。『国富論』のアダム・スミスも「同じ面積の耕地で、ジャガイモは小麦の三倍の生産量がある」と高く評価した。さらにジャガイモは品種改良の結果、年に複数回の収穫も可能となったし、でんぷん質、無機質（リン、カリウム）、そしてビタミンCが非常に多いとあって、寒い国々では「冬の野菜」としての重大な役割を担った。ジャガイモは現在では、麦、米、トウモロコシと並ぶ「世界の四大作物」となっており、一〇〇を超える国々で栽培されている。赤道直下から北極圏まで栽培されているのはジャガイモだけだ。

【コラム　各国のジャガイモの呼び名】

ジャガイモに最初に接した西欧人はスペイン人だ。中南米の現地の民が、ジャガイモを「パパ（papa）」と呼んでいたのを聞き、そのままスペイン本国に伝えた。しかしパパにはローマ法王（papà）という意味もあって恐れ多いため、それに近い発音の「パタタ（patata）」となっていったといわれる。イタリア語も同じく、「パタタ（patata）」である。英語の「ポテイトウ（potato）」もこの流れで、英語ではサツマイモとの混同を避けるため、「アイリッシュ・ポテイトウ（Irish potato）」、もしくは「ホワイト・ポテイトウ（white potato）」と呼ぶこともある。スウェーデン語でもパタタの流れをくんで「ポターティス（potatis）」という。

一方、ジャガイモは栄養たっぷりでリンゴに匹敵するという高い評価を込めて「大地のリンゴ」（あるいは「大地のナシ」）と呼ぶ国もある。フランス語ではジャガイモは「ポム・ド・テール（pomme de terre）」。「pomme」がリンゴ、「terre」が土を意味する単語だ。オランダ語も同様でジャガイモを「アールド・アッペル（aardappel）」と呼ぶ。「aard」が土、「appel」がリンゴの意である。スウェーデン語にも「ヨードペァーロン（jordpäron）」という呼び名がある。「jord」が土、「päron」が洋ナシである。

ドイツ語ではジャガイモを「カルトッフェル（Kartoffel）」と呼ぶが、これはトリュフを意味するイタリア語「タルトゥーフォ（tartufo）」から来た言葉だという。南米の地ではじめてジャガイモに接したスペイン人は、その形状から地中に育つキノコで世界的な珍味として知られるトリュフの一種と勘違いしたというから、この語源は十分、納得がいく。ロシア語も「カルトフェル（картофель〔kartofel〕）」で、ドイツ語由来の外来語と思われる。また、ドイツ語には「エアトアップフェル（Erdapfel）」、「エアトビルネ（Erdbirne）」という呼び名もある。前者が「大地のリンゴ」、後者が「大地のナシ」の意である。

中国語では「ツ・ドウ（土豆 tǔ dòu）」が一般的な呼び名だが、「マーリンシュー（馬鈴薯 mǎlíngshǔ）」と呼ぶこともある。後者の呼び名は年配者が多く使うそうだ。

2　ヨーロッパへの普及

戦争の続く世紀

世界史年表を開くと、ジャガイモが旧大陸にもたらされ、各地に広がろうとする十七〜十八世紀、ヨーロッパが戦争に次ぐ戦争の時代であったことに改めて気づかされる。十七世紀、ヨーロッパで戦争がなかったのはわずか四年だという。

一六一八〜四八年　三十年戦争
一六五五〜五八年　ポーランド・スウェーデン戦争
一六五六〜五八年　ロシア・スウェーデン間の戦争
一六七二〜七四年　第三次英蘭戦争
一六七二〜七八年　蘭仏戦争
一七〇一〜一四年　スペイン継承戦争
一七三三〜三五年　ポーランド王位継承戦争
一七三六〜三九年　ロシア、オスマン朝と戦争
一七四〇〜四八年　オーストリア継承戦争

三十年戦争　処刑される兵士たち（カロ画。1633年）

一七五六～六三年　七年戦争
一七六八～七四年　露土《ろと》（ロシア・トルコ）戦争
一七七八～七九年　バイエルン継承戦争

加えてこの時期、ヨーロッパは気候異変にも悩まされる。小氷期と呼ばれる寒い時代で、飢饉が頻発するのである。

まず、「戦争とジャガイモの普及」についてみてみよう。

三十年戦争は、ドイツ国内の宗教的対立、新旧両教徒の対立に諸外国が介入した戦争で、一六一八年から一六四八年まで続き、「最大の宗教戦争」といわれる。皇帝・旧教徒（カトリック）側にスペイン、新教徒（プロテスタント）側にはデンマーク、スウェーデン、フランスが加わって出兵した。戦場となったドイツは全土が荒廃、人口は約半分に減った。

　耕地の全滅のために（ドイツ）農民の疲弊ははなはだしく、
彼らは戦後数年のあいだまったく食わずにいた。そしてときには野山の草や木の皮を食って命をつなぎ、大切な家畜をほふり、愛犬を殺して露命をつないだ。そうしたどん底の生活が彼らにジャガイモを栽培することを余儀なくさせたのである。かくして戦後の貧困が彼らにジャガイモに関する迷信を克服させ、やがて彼らのあいだにジャガイモの栽培が普及された。そしてこの時から、ドイツ自慢のジャガイモの文化の基礎が芽生えたのである。

（『食物の社会史』加茂儀一）

七年戦争もまたジャガイモ普及に深くかかわる。フランス、ロシアの援助を得たオーストリアのマリア・テレジアが、宿敵プロイセンとその同盟国イギリスを相手に一七五六年に開戦、一七六三年まで続いた戦争で、植民地をめぐっての英仏戦争もその一環とされる。フランスでジャガイモの普及に奮闘したパルマンティエは、七年戦争でプロイセンの捕虜となった。捕虜生活をジャガイモで生き延び、その実力を知ったのだとされている。

フランスへの普及は、その英仏戦争の結果だともいわれる。イギリス兵がフランドル地方に伝えた、とされるが、これより先に三十年戦争で普及したとの説もある。

浅間和夫は、この七年戦争で、プロイセンを敵としたスウェーデン軍のほうにはとりたてて戦果はなく、ジャガイモだけが帰国した兵士によってもたらされたことから、この戦争を「ジャガイモ戦争」と呼んだとしている（『ジャガイモ43話』北海道新聞社）。

しかし、栄養もカロリーも十分な「冬の野菜」であるジャガイモがスウェーデンにもたらさ

れたことは、何にもまさる〝戦果〟だったのではなかろうか。スウェーデン・ストックホルム在住の兼松麻紀子は、

「スウェーデンではジャガイモは野菜というより主食の地位を占めます。パンと一緒に出てくるときは、脇役《わきやく》はパンのほうです。最近では米、パスタ、クスクスなど昔は一般的でなかったものが国際化の影響で増えてきたのでジャガイモの主食としての消費は減っているようですが、貯蔵がきくので一年中出回っています。夕食を家できちんととって、お昼を外食でしっかりとる人は、一日二回、ジャガイモを食べることになります」

と語る。

一般的には一七七八年の「バイエルン継承戦争」を「ジャガイモ戦争」と呼ぶ。プロイセン、オーストリア両国が、相手国のジャガイモ畑を荒らすことを重要戦略としたからで、すでにこの戦争では、ジャガイモが戦争の帰趨《きすう》を決める存在になっていたことがうかがえる。

飢饉とジャガイモ

次に、打ち続く凶作や飢饉を背景に人々が、どうジャガイモをその食生活に取り入れていったのかをみてみたい。

ヨーロッパの民を苦しめた小氷期と呼ばれる「寒い季節」がいつ始まり、いつ終わったかについては諸説があるが、ここではひとまず一五五〇年に始まり、一八五〇年に終わった、との

説をとる。しかし、一八五〇年以降も時折、厳しい寒気がヨーロッパを襲っていることにも注意を払いたいと思う。

小氷期のフランスは十六世紀に一三回、十七世紀に一一回、十八世紀には一六回の飢饉に見舞われた。とりわけ十八世紀が苛酷だった。一七〇九年、一七二五年、一七四九年、一七五五年、一七八五年、そして一七八八年——と飢饉は休みなく民衆の生活を直撃した。あのフランス革命（一七八九年）の背景にも、この「飢饉」「凶作」が大きく横たわっていたのである。

この頃、英国も気候不順に悩まされる。イングランドの冬の平均気温は、「一七四〇年から下がりはじめ、一七八〇年代には、観測記録のある範囲で十七世紀の最寒期であった一六八〇年頃と同程度まで下がる」（『気候変化と人間』鈴木秀夫）。

一七九三年には英国は、かつてない凶作を経験することになる。長雨と霧とが原因だった。小麦の値段は一クォーター（二九一リットル）につき五〇シリングにあがった。さらに一七九五年にも凶作が追い打ちをかけ、小麦価格は一〇八シリングにまで急騰する。連動してパンの価格も急上昇、数年前まで六〜八ペンスだった四ポンド・パンの値段が一七九五年には一二ペンス強にまではね上がった。このときの労働者の賃金は週八シリング程度。彼らは餓死寸前まで追い詰められるのである（注・一シリングは一二ペンス）。

ここに及んで英国政府も、ジャガイモの栽培に対して助成金を出すなどの奨励策に踏み切る。首相ピット（一七五九〜一八〇六）も、ジャガイモでできたパンがおいしくて栄養のあることを主張、その効用を説いたという。その結果、ジャガイモは一七九五年以来、英国の都市や農村の労働者の家庭の食物として次第に卓上にのぼるようになり、十九世紀末には英国ではジャガイモは、「小麦パンに匹敵する普通の食糧のひとつ」にのし上がるのである（加茂儀一、前掲書）。英国の一八八一年の一人あたり一週間のジャガイモ消費量は六ポンド（約二・七キログラム）だったという。

ジャガイモを最初に主食として受け入れたのはアイルランドである。そのことでこの島は大幅な人口増を果たす。一七八〇年に約四〇〇万人だったアイルランドの人口は、一八四一年には約八〇〇万人となった。ザッカーマンによれば、その起点の年が、ジャガイモの支配的な普及の年と一致するという。だがジャガイモ単作（モノカルチャー）に特化した結果、アイルランドは十九世紀半ばには「ジャガイモ飢饉」に見舞われる。一〇〇万人ともいわれる餓死者を出すことになるこの「ジャガイモ飢饉」については、第四章で詳しく触れる。

アイルランド以外の国、例えばオランダなどでは、農民はおずおずとジャガイモ栽培を始めたようだ。『西ヨーロッパ農業発達史』（スリッヘル・ファン・バート著、速水融訳）が興味深いデータを紹介している。

クルンデルト（オランダ）近傍の所領では一七三九年以前には、ジャガイモは輪作に組み込まれていなかったが、この年にひとりの男が〇・六五ヘクタールにジャガイモを植え付けた。「彼は投機家であったようにみえる」とスリッヘル・ファン・バートは書いている。それが一七四一年には栽培者が三人、面積は二・八〇ヘクタール、さらに一七四二年には栽培者三人、面積六・五〇ヘクタールとなる。

「一七四〇年の（穀物の）不作が、一七四一年と一七四二年に一部の農民をして、じゃがいも栽培を試みさせた」とバートは分析するが、他の地方でも同様に、穀物の不作を背景に、おずおずとジャガイモの栽培が始められたのではなかろうか。

十九世紀に至るもヨーロッパの飢饉は幕を下ろさない。とりわけ熾烈《しれつ》だったのは「最後の大《だい》飢饉《ききん》」といわれる一八四五〜四九年の飢饉だ。ヨーロッパのほとんどの国が気候変動に見舞われ、自然を前にした人間の無力を思い知らされる。一八四七年、プロイセンのいくつかの州では人口の三分の一が、パンを食するのをやめて、ジャガイモだけで過ごしたという（『世界の歴史16　ヨーロッパの世紀』前川貞次郎、望田幸男）。

第四章　地獄を見た島——アイルランド

1　英国支配とジャガイモ

石の島

鈍色《にびいろ》の空と海。その両者が水平線付近で渾然一体《こんぜんいったい》となり、見分けがつかない。そんな海を高速船が一路、アラン諸島の中心の島イニシュモア島を目指す。今日もアイルランドは煙るような雨だ。暖かい北大西洋海流の影響で一年に二〇〇日雨が降るというアイルランドでは、これが日常の天候ということか。

アラン諸島はアイルランドの西端、ゴールウェイ湾に浮かぶイニシュモア島、イニシュマーン島、イニシィア島の三つからなり、主島のイニシュモア島でも面積は約三九平方キロ、人口わずか一〇〇〇人ほどだ。

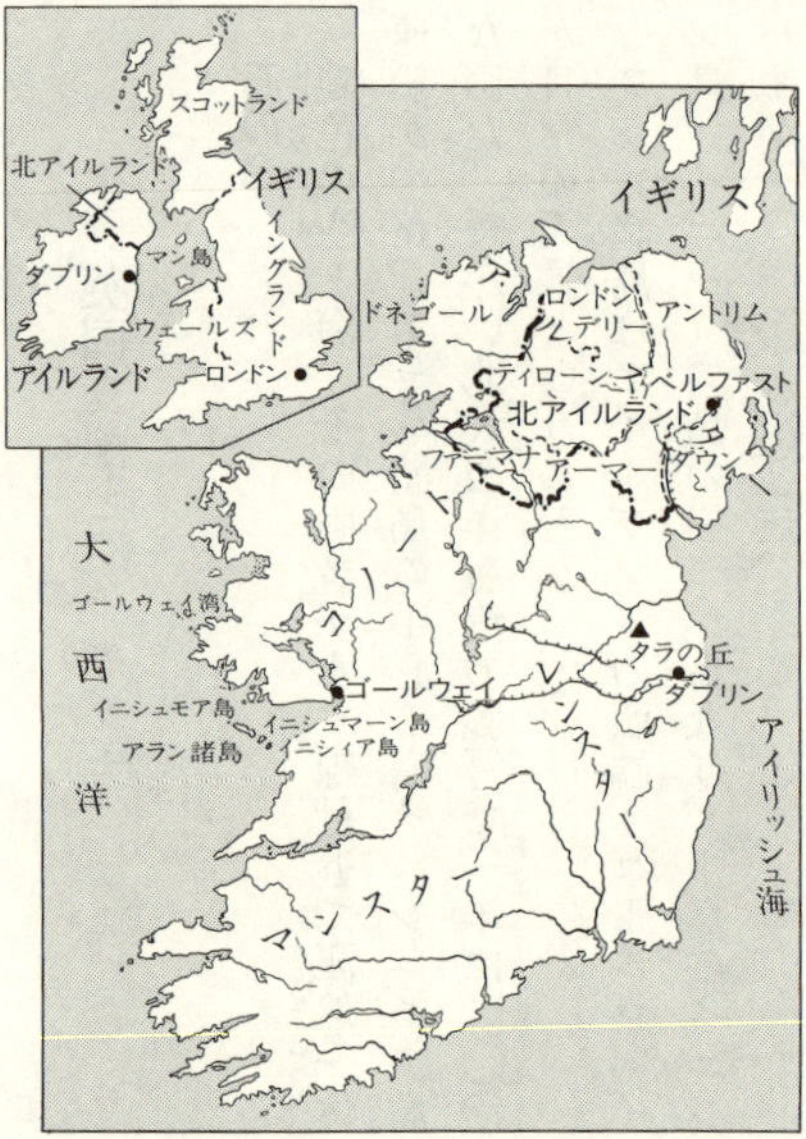

高速船で本島から四〇分ほどで到着するイニシュモア島は、文字通り「石の島」だった。「石の島」とは——。氷河期の終わる約一万余年前頃、島の土は巨大な氷塊によって剝ぎ取られ、海に落下していった。残ったのは岩盤と石だった。

やがてこの島に住みついた人々は、いつの頃からか石を砕き、それに海からの海草や砂利、風で運ばれてくる塵《ちり》などを重ねて畑とし、種を播いた。七年間でやっと一〇センチの土が生まれるという、気の遠くなるような作業だった。

さらにこの貴重な土の飛散を防ぐため、畑の周囲を積み上げた石で囲んだ。その石もまた、岩盤を砕いてつくった。その手づくりの石垣が強風で倒されることを避けるためと、作物の生育に必要な通風のために、石と石との間に小さな隙間もつくった。その隙間から日の光が差し込み、光の束がさまざまな文様を描くさまは「石のレース」と呼ばれるほど美しく幻想的だ。

十六世紀以降、その石囲いの畑で栽培されるようになったのがジャガイモである。冷涼な気候の下でも成長するこの植物は、穀物よりはるかに瘠せたアイルランドの土地に適していた。アイルランド特有の多雨もものともしなかった。さらにジャガイモは脱穀などの手間がいらず、深鍋《ふかなべ》と、アイルランドではどこでも容易に手に入る泥炭（ピート）があれば簡単に調理できるとあってこの島にしっかと根付き、島民の食と生活を支えたのである。

その畑仕事には主に女たちが従事、男たちは獣の皮を張った小舟で荒海の大西洋に出て漁をした。遭難もしばしばだった。海での遭難者の身元確認のためにと、各家庭は脂抜きしていない毛糸でそれぞれの家の固有の模様をセーターに編み込んだ。それがアラン編み（アランセーター）である。そうした島の苛酷な生活を描いたのが劇作家J・M・シングの戯曲『海へ騎りゆく人々』（一九〇四年初演）である。

アラン諸島の畑地　今では牛の放し飼いも目立つ

イニシュモア島には、ジャガイモ畑がいっぱいに広がっていると思い込んでいたのだが、予想ははずれた。今では石垣の畑地の多くが比較的手間のかからない牛の放牧地になるか、放置されたままなのだ。

やっと見つけたのが島の住人ロッカの自宅近くの畑。四年前からジャガイモを栽培しているという。先人たちが文字通り額に汗してつくりあげた石垣に囲われた畑に、収穫直前のジャガイモの葉が青々と茂る光景には、なぜかほっとした。島人の話では、今では土も肥料も本島から買ってくるのだという。さらにはジャガイモも「(栽培するより)本島で買うほうが安上がり」という声も聞いた。

島の光景も変わった。

アイルランドは一九七三年に欧州共同体(EC、現EU)に加盟、近年は経済も好調だ。電子、電気、化学などの製造業を中心に二〇〇四年は輸出が一〇四二億ドル、輸入は六一四億ドルで貿易黒字が過去最高に達した。そして高速船の就航以後、イニシュモア島の多くの人々がアイルランド本島に働きに出、週末だけ家に帰るようになったという。さらにここ一〇年ほどはちょっとした観光ブーム、秘境ブームで、イニシュモア島の波止場近くには新しいホテルや土産物店が軒を並べている。アランセーターにも機械編みのものが混じるのだという。

それでも海辺に立てば、吹きつける風と波に孤島時代のアラン諸島の厳しさをしのぶことができるし、ジャガイモ栽培が減ったとはいえ、ぐるりと石垣に囲まれた島の風景はシングの時代のままだ。

苛酷な英国の支配

石の島アラン諸島からアイルランドの旅を始めたが、実はアイルランドは「エメラルドの島」とも「緑の島」とも呼ばれる。北海道ほどの面積のこの国の東部や南部には、この言葉を裏切らない緑あふれる田園地帯が広がっている。それが東海岸の首都ダブリンから約三〇〇キロ西のゴールウェイ県付近からは一転、石混じりの大地に変わる。加えてこの西部を中心に国土の七分の一が泥炭地である。

東部や南部の緑の田園地帯では豊かに小麦を産した。美しい湖や山や森が広がり、温暖な海流が霧と雨をもたらし、美しい虹《にじ》が頻繁に空を飾った。そんな自然のなかで万物に神が宿り、赤い帽子のいたずら好きの妖精《ようせい》たちが人間と共生した。豊かでのどかなケルト文明の島アイルランド。

ユーラシア大陸の東の孤島に住む日本の詩人は、ユーラシア大陸の西の果ての島、アイルランドへの憧憬《しょうけい》を次のように詠《うた》っている。

汽車に乗って

あいるらんどのような田舎へ行こう
ひとびとが祭りの日傘をくるくるまわし
日が照りながら雨のふる
あいるらんどのような田舎へ行こう
車窓《まど》に映った自分の顔を道づれにして

湖水をわたり　隧道《とんねる》をくぐり
珍しい顔の少女や牛の歩いている
あいるらんどのような田舎へゆこう

（詩集『幼年』丸山薫）

だがそこに、苛酷な英国の支配が入り込んでくる。十二世紀はじめのアイルランド国内の王たちの権力争いに乗じ、英国王ヘンリー二世（在位一一五四～八九）の英国軍がアイルランドに侵入（一一七一年）し、コノート侯ローリー・オコナーをアイルランドを統括する王と認める一方で、英国王への貢物を他の諸侯から徴収する義務を負わせるなど、さまざまな軍事的、政治的要求を突きつけた。アイルランド人は抵抗し、ここに八〇〇年近い英国との抗争、受難の歴史が始まる。それはプロテスタント（英国）によるカトリック（アイルランド）への容赦ない弾圧の歴史でもあった。

その抗争の歴史に「苛斂誅求《かれんちゅうきゅう》」というほかない苛酷な支配を持ち込んだのが、熱烈な清教徒で、わずかな年数で宗教改革を成し遂げ、英国国王チャールズ一世を処刑して共和制を築いたオリヴァー・クロムウェル（一五九九～一六五八）である。

一六四一年、英国支配に対するアイルランド側の反乱、「カトリック一揆《いっき》」が起こる。英国本土には、混乱のなかで二〇〇〇人以上の新教徒入植者が殺されたと誇張して伝えられたといわれる。その「新教徒虐殺」への報復、見せしめとして、二万人の精鋭を率いて攻め入ったクロムウェルは、カトリック教徒であるアイルランド人を大虐殺した。カトリック教会組織は手当たり次第に破壊され、教徒の資産は没収された。農地もまたそのほとんどが没収され、アイルランド人は英国人地主の小作人に転落する。十七世紀初頭には五九パーセントだったカトリック教徒の所有地は、十八世紀初頭にはわずか一四パーセントとなった。そしてアイルランド人は岩盤と石ころだらけの西部の地へと追いやられたのだった。

「アイルランド人は地獄かコノートに行け」

とクロムウェルは、公言したといわれる。アイルランドの西部に位置するコノートは、アイルランドのなかでも最も生活条件の厳しい土地だ。

アイルランドの英国への反乱の原点、そして自治の原点といわれるタラの丘

苛酷な締め付けはさらに続く。例えば一六九五年の異教徒刑罰法は、カトリック教徒が軍隊に入ることや公職に就くことを許されなかった。プロテスタントの女性がカトリックの男性と結婚すると、その女性の所有する土地は、彼女の親戚のプロテスタントのものとなった。

もちろん、アイルランド側の反抗も絶えなかった。その代表例が一七九八年の対英国反乱で、抵抗組織「ユナイテッド・アイリッシュメン」はタラの丘にキャンプを構えて武装蜂起《ほうき》するが失敗。さらに十九世紀には民族運動家ダニエル・オコンネル（一七七五～一八四七）が、カトリック解放を掲げてこの丘で、「一〇〇万人集会」を開いている。タラの丘は、アイルランドの人々の「聖地」である。

2　大飢饉と移民

ジャガイモ飢饉

小作人となったアイルランド農民は、農地の三分の二に小麦を植え、その収穫のほぼすべてを英国人地主に納めた。ではどうやって彼らは生き延びることができたのか。彼らは残り三分の一の劣悪な条件の土地にジャガイモを植え、主食としたのである。

十六世紀末、アイルランドにもたらされたとされるジャガイモは、岩盤だらけのアイルランドの地でも「貧者のパン」の役割を十二分に果たす。ほとんど手入れなしでも一ヘクタールの畑で一七トンものイモが生産されるため、ときにはジャガイモ畑は「怠け者のベッド」と呼ばれたほどだ。ジャガイモからのビタミンと数頭の牛からのミルクやバターで農民の生活が保障されたため、この国の人口は一七六〇年の一五〇〇万人から、一八四一年には約八〇〇万人に膨れ上がった。そこに襲いかかったのが「一三四八年の黒死病以降でヨーロッパ最悪の惨事」といわれるジャガイモ飢饉（アイルランド語 An Gorta Mór。英語 The Great Famine）である。アイルランド国民を地獄さながらの生活に追い込んだこのジャガイモ飢饉については、『歴史を変えた種』（ヘンリー・ホブハウス著、阿部三樹夫・森仁史訳）、『歴史を変えた気候大変動』（ブライアン・フェイガン著、東郷えりか・桃井緑美子訳）などに詳しい。

大飢饉の原因は「ジャガイモ疫病」だった。アメリカ起源のこの病気は、一八四五年七月にはベルギーで報告され、八月にはパリやドイツ西部のラインラントの畑にも広がり、同月末にはアイルランドに上陸する。

この病気の菌の胞子はものすごい勢いで拡散し、ジャガイモの葉や茎やその周辺の土壌で発芽する。疫病は初めのうちは黒い斑点《はんてん》のように見え、やがて柔毛が生えてくる。作物はすぐに腐り、生長していた塊茎も変色して、ぐにゃぐにゃになる。その独特な匂《にお》いで、ジャガイモ疫病になったことに気づくことが多い。（『歴史を変えた気候大変動』）

その感染の進行の速さがこの病気の特徴である。

一八四五年に一人の男が親類宅で一週間滞在するためコークへ行く途中にある地方を通

り抜けた。南への途上ではすべてが順調に見えた。しかし帰路では、教区全体があたかも霧に襲われたようであり、耕地は枯れた葉で黒くなっていた。

（『歴史を変えた種』）

当時ヨーロッパで栽培されていたジャガイモはこの病気に弱く、なかでもアイルランドのランパー種はその影響を受けやすい品種だった。これに厳しい気候変動が加わる。一八四五年、ジャガイモ疫病によるアイルランドの損害は平均で約四〇パーセントに達した。この年夏の湿気の多い天候と変わりやすい風が、ジャガイモ疫病の胞子を各地の畑に飛散させたのだ。

翌一八四六年はジャガイモの植え付け面積が三分の一ほど縮小する。人々が種イモまで食べつくしたからだ。この年もジャガイモ疫病は八月のはじめには姿を現し、卓越風に乗って瞬く間に広がった。さらに収穫期には豪雨が降り、霧が出た。ロンドンの『タイムズ』紙が、「ジャガイモ全滅」と報じたのがこの年である。

一八四七年は見事な収穫に恵まれたものの種イモの不足で通常の五分の一しか植えられず、飢饉は続く。一八四八年は二月に大雪が降ったが、五月、六月の天候は順調で、人々に期待を持たせた。しかし七月には雨ばかりの天候となり、またもジャガイモ疫病は一気に拡散した。結果は一八四六年と並ぶほどの凶作だった。収穫が皆無となるなか、働き手はこぞって米国などに海外移民、残された者たちはペットを食べ、雑草を食べ、さらには人肉までも口にしたという話が伝わるほどの地獄絵図が現出した。

ブライアン・フェイガンはこう書いている（前掲書）。

「大飢饉《アン・ゴルタ・モー》」による最終的な犠牲者の数が判明することはないだろう。一八四一年の人口調査の記録では、アイルランドには八一七万五一二四人が住んでいた。その数は一八五一年には六五五万二三八五人に減少した。当時の人口調査委員の計算では、通常の増加率からすれば、全人口はちょうど九〇〇万を超えるくらいになるはずだった。つまり、二五〇万人がいなくなったのである。そのうち一〇〇万人は移民として国を脱出し、残りのおもに西部の住人は、飢饉とそれに関連する病気で死亡したのだった。それでも、これらはおそらく控えめな数字だろう。

インド出身の経済学者で、一九九八年のノーベル経済学賞を受けたアマルティア・センは、東京新聞のインタビュー（一九九九年一月）で、

「飢饉は食糧の不足で起こるのではない。貧しい人に食糧を買えるだけの所得を創出すれば、飢饉は防止できるのだ」

と明快に答えている。「飢饉は社会的産物だ」というのだ。それが九歳のとき、三〇〇万人

が餓死したインド・ベンガルの飢饉（一九四三年）を目撃、それを契機に経済学の道に進んだセンの結論である。

アイルランドの場合はどうなのか。アイルランドのジャガイモ飢饉は、ジャガイモ単作（モノカルチャー）のゆえに起こったのだといわれる。しかし、英国による土地と作物の厳しい収奪のもと、残された石と岩盤だらけの狭隘《きょうあい》な土地でアイルランド国民が生き残るには、ジャガイモ単作という選択しかなかったのだ。

ヨーロッパの他の国々でもジャガイモは全滅したが、他の作物で補い、飢饉を回避している。さらに、飢饉が最も深刻なときでさえ、穀物を満載したアイルランドの船が英国に向かっていた。センが言うように「貧しい人に食糧を買えるだけの所得」があれば、防げた飢饉だったことは明白である。「社会構造が生んだ飢饉」「英国によってつくられた飢饉」と呼ぶしかない。

リヴァプールから出港する移民船
(*Illustrated London News*, 1850)

『離郷』

ふるさとアイルランドを捨て、米国に移民していく人々の深い悲しみを描いた小説にリーアム・オフラハティ（一八九六〜一九八四）の『離郷』（一九二四年）がある。この短篇の舞台はアイルランドの田舎（オフラハティの出身地のアラン諸島か？）。長男マイケルが米国に渡るという前日、父フィニーとマイケルが、別離の悲しみを胸に秘めながら庭先で向き合うのである。

父は黙《だま》っていた。口を半ば開き、何を考えるともなく空を眺めていたが、ある思い出が頭に浮かんで来ると溜息《ためいき》をついた。

「お願いだから弱気にならないでください。辛くなって来るんですよ」と息子が言った。

「フー。」急に父はわざとぶっきらぼうに言った。「誰《だれ》が弱気なもんか。そんな生意気なことを言うのは新しい服を着たせいなんだな。」

それからちょっと黙り、また低い声で続けた。「わしは思い出していたんだよ。この春、風邪で寝こんだ時、お前が一人で種を蒔いたじゃが芋畑のことをな。お前より上手にやってのけた人間はいなかったなあ。神さまがお前を畑仕事に向くようにしてくれているのに、その土地をお前から取り上げようというんだから世の中って残酷なものだな。」

「お父さん。いい加減によしてください」とマイケルはイライラして言った。

「こんな土地誰が耕しても、相変らず貧乏で、仕事はきついし、ろくな食事しかできないじゃないですか。」

「うん、そうだったな」と溜息をついて父は応じた。「だがなあ、あれはお前のものなんだよ。あの土地は、そう向こうにある……」と西の空の方角に手を振りながら、言葉をついだ。

「お前は他人《ひと》さまの土地、まあそれに似たようなものに汗を流して働くことになるのだな。」

「それはそうだけど」とマイケルはつぶやき、目に虚《うつ》ろな表情をたたえて地面をじっと眺めた。それから言葉をついだ。「送ってくれるならもっと励ましてほしいのですよ。」

二人はたっぷり五分間黙ったままつっ立っていた。お互いに抱き合って、泣いたり、空をたたいて、悲しさのあまり悲鳴をあげたい衝動にかられた。しかし、どちらもまわりの自然のように静かにまた陰鬱《いんうつ》げに、苦悩を抱きしめながら立ちつくしていた。それからめいめい家の中に戻って行った。


(『オフラハティ珠玉集』多湖正紀ら訳)

飢饉が生んだ米国大統領

こうした悲しい歴史を持つ米国移民だったが、その子孫から、J・F・ケネディ(ジョン・フィッツジェラルド・ケネディ)、ロナルド・レーガンのふたりの米国大統領が誕生するのだから、歴史とは面白い。

それにしても、ケネディ大統領ほど栄光と悲劇に彩られた大統領は他にいない。誕生も死も、劇的だった。

一八五〇年頃、ケネディ大統領の曾祖父《そうそふ》パトリック・ケネディがジャガイモ飢饉で疲弊したアイルランドから渡米、東ボストンに居を構えた。米国におけるケネディ家の一代目である。ケネディ家はアイルランドでは八〇エーカー（一エーカーは約四〇四六・九平方メートル）の土地と家畜を持つ金持ちだったから、食い詰めての移民ではない。

二代目にあたるその末子のパトリック・ジョゼフ・ケネディ（略称P・J）は、酒場を開いて成功、政界に打って出、民主党員として活躍した。P・Jの長男、三代目のジョゼフ・パトリック・ケネディは、同じくアイルランド出身でボストン市長となったジョン・F・フィッツジェラルドの娘ローズと結婚。そしてその九人の子どもの第二子（四代目）が、後に第三五代アメリカ大統領となるJ・F・ケネディである。

J・F・ケネディは十八歳でプリンストン大学に入学、後にハーヴァード大学に転じた。クラブ活動にも積極的に参加する学生で、政治学専攻。卒業論文には一九三〇年代の英国外交政策の失敗を取り上げ、一九三九年にはロンドンの米国大使館に住み込み、迫りくる第二次世界大戦の戦雲を自らの目で観察している。そうしてでき上がった卒業論文『英国はなぜ眠ったか』は、英国、米国両国で出版され、ベストセラーとなった。

ハーヴァード大学卒業後、米国海軍に入隊、PT型魚雷艇の艇長となり、ソロモン沖会戦で日本の駆逐艦に撃沈されるが、重傷を負った部下を守って泳ぎ抜き、「英雄」となる。「ケネディ伝説」の始まりである。

戦後、通信社記者などを経て一九四六年にマサチュセッツ州第一一区から下院議員に当選したJ・F・ケネディは一九五二年には同州の上院議員になり、翌一九五三年にはジャクリーン・リー・ブービエと結婚する。一九五六年、民主党大会で副大統領を狙《ねら》うがここでは一敗地にまみれた。

一九六〇年の大統領選では、民主党候補指名を勝ち取り、「ニューフロンティア」の旗を高く掲げてブームを呼ぶ。テレビを巧みに活用する作戦などで共和党のニクソン候補を僅差《きんさ》で破り大統領に当選。米国史上最年少の四十三歳での当選だった。一九六一年一月二十日、大統領に就任。初のカトリック系の大統領だった。

アイルランド出身のゆえに、J・F・ケネディがくぐらなければならなかった関門がいくつかある。

ボストンの移民街を選挙区に政治家としてスタートしたケネディにとっては、アイルランド以外の移民グループの票をどう集めるか、とりわけイタリア系の票をどう集めるかが大きな問題だった。アイルランド系とイタリア系の関係は「イタリア系移民がアル・カポネにみるごとくマフィアになって〝成功〟したので、アイルランド系はそれならと警察官の道をこころざし、カポネたちを追い回しはじめた」という軽口がささやかれたほど微妙だ。

しかしケネディはそのイタリア人街の、ポケットに手を入れてたむろする日焼けした労働者たちの群れに、持ち前の天衣無縫さで飛び込んでいったのだった。

（イタリア移民たちは）やせた、乱髪のジョンをうさんくさそうにみていた。だが、ジョンが大きく笑って、手を差しだし、自分に投票してくれと頼んだ。すぐに彼らも顔をほころばせ、彼に話しかけはじめた。

（『ケネディ家の栄光と悲劇』ＡＰ通信社編・朝日新聞社訳）

また、黒人指導者マーチン・ルーサー・キング牧師が逮捕されたとき、ケネディはキング夫人に電話をかけて励まし、さらにキング牧師を裁いた判事に電話をかけて強く釈放を促し、実現させる。多くの黒人票が大統領選でケネディに投じられたとみられる。

さらなる難題は宗教問題、信教の自由と政治との関係をどうさばくかだった。米国の主流はワスプ（ＷＡＳＰ）と呼ばれる人たちだ。白人で、アングロサクソン系で、しかもプロテスタント。アイルランド出身でカトリックのケネディは、大統領選さなかの演説でこう強調した。

私は米国では、教会と政府との分離は絶対のものでなければならないと信じます。カトリックの聖職者が大統領に（もし彼がカトリックであった場合）指示を与えたり、プロテスタントの牧師が信者にだれに投票せよと命じるようなことがあってはなりませんし、教会や教会経営の学校に国家の資金や政治的な配慮が与えられたり、たんに彼を任命する大統領や彼を選ぶ有権者と宗教が異なるというだけの理由で、公職に就くことが拒否されるような米国であってはなりません。

私は、カトリックでもプロテスタントでも、ユダヤ教でもない米国を信じます。

有権者は彼のこの訴えに同意した。こうして、米国史上初のカトリック教徒大統領が誕生したのだった。

大統領となったケネディは、一九六二年にはソ連のフルシチョフと渡り合い、「あわや第三次世界大戦か」といわれたキューバ危機を回避、翌一九六三年には冷戦のまっただ中の西ベルリンに飛び、ベルリンの壁建設に反対の態度を表明する。フルシチョフと対立しながらも「米ソ和解」「平和共存」を実現させたのだった。

その死も衝撃的だった。一九六三年十一月二十二日、遊説先のテキサス州ダラスで凶弾を浴び、四十六歳で人生の幕を降ろす。在任わずか一〇〇〇日。それでも今に至るまで、数々の「ケネディ神話」「ケネディ伝説」が熱く語り継がれている。

悲劇の記憶

「ジャガイモ飢饉」はアイルランドの人々にどのように記憶されているのであろうか。私は旅先のあちこちで、人々の記憶を聞いて回った。質問に答えてくれた皆が、この悲劇をつい昨日の出来事のように語ってくれた。

アイルランド西部、ゴールウェイ県クラレンブリッジ市のパブで、近くで農業を営むリアム・ウォルシュに会った。まだ陽が高いのにパブは、テレビの競馬中継とギネスビールでおおいに盛り上がっていた。

「ジャガイモ飢饉のことかい。親から何度も聞かされたな。〝とにかくひもじかった〟というんだ。一族の多くがやっぱり米国に移民したそうだ」

白髪にくりくりとした愛らしい眼のこの農夫は、あたかも昨日のことのように語る。自身も六〇アールの土地にジャガイモを栽培しているという。

「ジャガイモは大好きだよ。一日に五回、食べているな」

同市に住む会社員エリザベス・アイゴ。一八〇センチ超の長身、スーツをピシリと着こなしキャリア・ウーマンの雰囲気を漂わせる女性である。

「ジャガイモ飢饉については学校で歴史の時間に学びました。ポテト・ブライト（Potato Blight＝ジャガイモ疫病）という言葉を連想します。わが一族でも曾祖母《そうそぼ》が米国に移民したそうです」

この街のホテルで働くアンナはなんと、ポーランドから来ているのだと言う。ジャガイモ飢饉のとき、国民がなだれを打って米国に移民したアイルランドが、今やポーランドはじめ東欧の人々の働き口を提供しているというのだ。

そのアンナが言った。

「私もジャガイモが好きです」

首都ダブリンの会社員チャールズ・マッカーシーは、

「ジャガイモ飢饉は本当に悲劇だった。一五〇万人がジャガイモ飢饉で亡くなったと聞かされてきた。わが一族でも何代か前のおじいちゃん、おばあちゃん三人が米国に移民したそうだよ」

と語ってくれた。

ご本人も自宅近くの半エーカー（約二〇〇〇平方メートル）の土地で、ジャガイモを栽培している。

「買うより安いし、畑仕事は息抜きにもなるし……」

文学とジャガイモの街

首都ダブリンの街を歩いていて、

「ああ、この街は文学とジャガイモの街だな」

という少々奇妙な感慨にとらわれた。

まず文学。宿をオコンネル通りに取ったが、すぐそばの小路にジェイムズ・ジョイスの像が建っている。一八八二年、ダブリン生まれ。ダブリンで育ち、ダブリンの中産階級の人々の暮らしと彼らが抱える精神の鈍痛とを描いた短篇小説集『ダブリンの人々』や、代表作『ユリシーズ』などの傑作を残した。一九四一年没。シルクハットにステッキ、眼鏡越しに中空を見上げる彼の像には、「これぞジョイス」と声をかけたくなるようなアイルランド人特有の屈折、諧謔《かいぎゃく》、そして皮肉の色が漂う。『ユリシーズ』や『ダブリンの人々』の舞台もこのダブリンで、「ジェイムズ・ジョイス・センター」やジョイス・タワーなどゆかりの地にも事欠かない。

戯曲『ゴドーを待ちながら』で知られるノーベル文学賞作家サミュエル・ベケット（一九〇六〜八九）が学んだトリニティー・カレッジもダブリン中心部にある。彼も足を運んだという一五九二年創設のこの大学の図書館の二階には、長さ六五メートルのロングルームがあり、古書を中心とした二〇万冊の蔵書を誇る。『ガリバー旅行記』で知られるアイルランドが生んだ文学の巨人ジョナサン・スウィフト（一六六七〜一七四五）の胸像も、このロングルームに飾られている。

ベケットのほか、ジョージ・バーナード・ショウ（一八五六〜一九五〇）、ウィリアム・バトラー・イェイツ（一八六五〜一九三九）、シェイマス・ヒーニー（一九三九〜）とアイルランド出身の計四人がノーベル文学賞を受賞している。アイルランドは「文学の国」だ。

なぜだろうか。アイルランド文化の基層にはケルト文明がしっかりと残り、その豊かな想像力や神話性は今に生きている、といわれる。妖精も今なお「健在」で、ディングル湾近くの峠

道には今も、
「Leprechaun crossing（小妖精が横断中）」の交通標識が堂々と掲げられている。

アイルランド最大の詩人イェイツの詩は「ケルト的色彩」を色濃く漂わせている。例えば。

こっちへおいで　人間の子よ！
湖へ　谷と森へ　おいで
妖精と手に手を取って
人の世は考えもつかない位涙で一杯なのだから
（「さらわれっ子」）

アイルランドの山峡の道には「小妖精が横断中」の交通標識も

自然界の万物に神が宿るとするケルトの文明は、アイルランド人に現実の世界のみならず、超自然界を見る力をもたらしているようだ。その二重の視線は、その後の苛酷な歴史、とりわけ八〇〇年近い英国の苛斂誅求を極めた支配やジャガイモ飢饉でいっそう筋金入りになったのではなかろうか。そしてその視線から、数々の名作が生まれた。「不屈」といわれるアイルランド魂も間違いなく、そんな苛酷な歴史の産物である。

そしてジャガイモ。街中のスーパーマーケットはもとより、裏通りの朝市、夕市にもジャガイモがどっさりと並ぶ。ばら売り、五キロ袋、一〇キロ袋、さらには二五キロ袋も売られている。

アイルランドのジャガイモの一人あたり一年の消費量（二〇〇三年）は一一九・七キログラム。ウクライナ（一四〇・三キログラム）、ポーランド（一三〇・一キログラム）、ロシア（一二五・六キログラム）などと肩を並べての「ジャガイモ大国」だ。ちなみに世界平均は三二・九キログラム、日本は二二・三キログラムである。

私もアイルランド滞在中、レストランでもホテルの食事でも必ずといっていいほどジャガイモを添えた料理を供された。シチューもあれば、ポテトサラダもある。ボリューム満点のステーキには、これまたボリューム満点のジャガイモが付く。揚げたての「フィッシュ・アンド・チップス」は、ビールのつまみにぴったりだ。今もなお、アイルランドの人々は、ジャガイモとの濃密な歴史に浸りながら、しっかりとジャガイモに寄り添い、日々の暮らしを送っている。

第五章　絶対王制とジャガイモ

1　大王とともに――プロイセンの場合

フリードリヒ大王

絶対君主とはなんとも矛盾に満ちた存在だ。武（力、剛）を一身に集めるという顔を持つ一方で、啓蒙《けいもう》君主としての文（和、柔）の顔をも併せ持つ。その典型がプロイセンの大王フリードリヒ二世（一七一二～八六）であろう。

プロイセンはドイツ騎士修道会の総長アルブレヒトが一五二五年に新教に改宗して修道会領を世俗化、プロイセン公国と称したことに始まる。そして一七〇一年には選帝侯フリードリヒ三世がプロイセンに関して王号を得、初代の国王となって、フリードリヒ一世を名乗った。大王の祖父である。

フリードリヒ２世（大王。1781年）

第二代の国王は軍人王と呼ばれたフリードリヒ・ヴィルヘルム一世。ヨーロッパ列強に伍《ご》す強力な軍隊をつくり上げたその軍人王の父から徹底的に「武」を叩《たた》き込まれた大王（ヴィルヘルム二世）は、その生涯を戦いのうちに過ごす。大王は一七四〇年五月に即位すると、早くもその年の十二月に、鉱山資源に恵まれオーストリアの宝庫といわれるシュレージエンに侵入して第一次シュレージエン戦争（一七四二年まで）を起こす。さらにザクセン公国の中立を侵犯して七年戦争（一七五六〜六三年）に突入。オーストリアのマリア・テレジア、ロシアのエリザヴェータ女帝、フランス王ルイ十五世の寵愛を受け、「副王」とまで呼ばれたポンパドゥール侯爵夫人の三人を敵にまわしての七年戦争は、「貴婦人たちとの戦い」、三国の反プロイセン包囲網は「三枚のペチコート作戦」とも呼ばれた。苦戦を重ねながらもフリードリヒはこの戦争を巧みな戦術と強運で戦い抜く。さらに六十六歳となった一七七八年にはバイエルン継承戦争に参戦、これが大王の最後の戦争となった。

このようにまぎれもなく「武の人」だが、同時に大王は、母親から青い深い目と文化を愛するこころを受け継いでもいた。啓蒙思想家ヴォルテールと親交を重ね、王太子時代に『アンティ・マキャヴェリ』を著し、音楽を愛し、詩を愛《め》でた「文の人」、そしてなにより、「君主は国家の第一の僕《しもべ》」を信条とする啓蒙君主だった。

ジャガイモ令発令

ドイツ国内の宗教対立に諸外国が介入、スペイン、スウェーデン、デンマーク、フランスなどが参戦した三十年戦争(一六一八~四八年)。ドイツのほぼ全土が戦場となったこの戦争で、ドイツの農民は耕地を失い、どん底の生活を余儀なくされる。追い詰められた農民はもはや「ジャガイモを食べると流行病にかかる」などといった迷信にこだわってはいられなかった。

十七世紀中頃には、バーデン、フランケン、ザクセン、ブランシュヴァイヒ、ヴェストファーレンなどドイツ西部地方でジャガイモの栽培が始まる。それでもなお、ドイツ東部地方はジャガイモ栽培の空白地帯だった。

そんな状況下でフリードリヒ大王は、農の振興に正面から立ち向かう。「耕地の拡大」「農業技術の改良と新作物の栽培」「農業労働力の確保」の三つを政策の柱とし、新作物の切り札としてジャガイモに着目、プロイセン全土への栽培の普及を目標に掲げたのだった。

父王フリードリヒ・ヴィルヘルム一世もジャガイモの植え付けを奨励したが、十分な成果は出なかった。ついに大王は一七五六年三月二十四日、プロイセンのすべての役人に宛《あ》てて、次のような「ジャガイモ令」を発するのである。

この、地になる植物（ジャガイモ）を栽培することのメリットを民に理解させ、栄養価の高い食物として今春から、植え付けを勧めるように。

空いた土地があれば、ジャガイモを栽培せよ。なぜならこの実（ジャガイモ）は利用価値が高いだけでなく、労に見合うだけの収穫が期待されるからである。

単に農民たちに栽培方法を指導するにとどまるのではなく、彼らの働きぶりを、竜騎兵やその他の使用人たちに監視させるように！

（ドイツ農業・環境・消費者保護省の「ジャガイモ令発令二五〇周年〔二〇〇六年〕資料」による）

ジャガイモ令発令に先立ち、フリードリヒ大王は一七五〇年以降、ジャガイモ栽培を推し進めるために、さまざまの試みを行っている。役場の前でジャガイモの種イモを農民たちに無料で配り、植え付けから収穫までの作業を役人や畑の番人にチェックさせ、ジャガイモを掘り起こしてしまう農民には、見張りの番人や兵士たちを使って、強制的に植え直させたのだった。「フリードリヒ伝説」といわれる大王のこのようなジャガイモ普及策。伝説には誇張が付きものだから、割り引いて考えなくてはならないが、こうした強権発動の効果はやはり大きかったようだ。七年戦争の頃には、ジャガイモの栽培はほぼプロイセン全土に広がり、兵糧《ひょうろう》を確かなものとしたプロイセン軍隊は屈強、精強の軍隊となったのである。

フリードリヒ大王は一七八六年八月十七日、七十四歳でその生涯を閉じるが、四六年にわたる統治の結果、「領土は一一万九〇〇〇平方キロメートルから一九万五〇〇〇に増え、人口は二二四万人から五四三万になったが、そのうち二十二万人が軍務についた」（『フリードリヒ大王』飯塚信雄）。その強国への道の出発点に、実はジャガイモがあったのだ。

フリードリヒ大王の墓　愛犬の墓が横に並ぶ。ポツダムで

王宮のベッドでは愛犬と寝、愛犬の墓のかたわらに葬るようにとの希望を遺《のこ》したフリードリヒ大王。その墓は今、ベルリンから列車で約二〇分のポツダムの「サンスーシ宮殿（無憂宮）」にある。サンスーシ（Sanssouci）とはフランス語で、「憂いのない」の意。大王が夏の居城として一七四五～四七年に建てたロココ式の壮麗な無憂宮は、門をくぐると正面に噴水、その背後に大きなブドウ棚が広がり、さらにその後方に宮殿建物が建つというつくりになっている。そして、そのブドウ棚右の階段を登り切ったところに「Friedrich Der Grosse」とだけ刻まれた大王の墓が、そしてかたわらには寄り添うように愛犬たちの無銘の墓がある。私が訪れたのは八

月初旬で、三つの花束が添えられていただけだったが、ジャガイモ普及に貢献した大王の遺徳をしのび、しばしばジャガイモの実物が供えられるのだという。

実は大王の遺体は、東西冷戦のはざまで東西ドイツの各地を転々とし、東西ドイツ統一を経た一九九一年にやっと、このサンスーシ宮殿に戻ったのだった。

森の変容

もうひとつ、ジャガイモにまつわるエピソードを紹介したい。ヨーロッパではジャガイモは、普及当初は主に豚の餌《えさ》だった。中世、豚は森で放し飼いにされていた。森のどんぐりが豚の餌だった。中世の文書に「豚○○頭を飼育できる広さの森」という定式句が出てくるのはこのためである。

ジャガイモが豚の餌となることで、どんぐりを生む広葉樹の森が別の目的で使えるようになる。木を切り倒して耕地とする、広葉樹の森の代わりに人間が利用しやすい針葉樹の森をつくるなどの新しい試みが始まり、そしてそれは時間とともにある種の効果をもたらした。豚肉や、それからつくるハムやベーコンがジャガイモとの最高の組み合わせを生み、人々のジャガイモの消費を急増させていくのである。もっともそれは、「森の変容、消滅」という大きな代価を支払ってのことだが……。

2　農学者の創意工夫――フランスの場合

パルマンティエ

同じ絶対王制下ながらフランスの場合は、「武」で断行したプロイセンのジャガイモ普及策とは対照的な方法を取る。人情の機微を捉《とら》えた「奇策」といってもいい。そしてその主役は、アントワーヌ・パルマンティエ（一七三七〜一八一三）だった。

パルマンティエもまた、波乱の人生を生きた人物である。七年戦争の頃、彼はフランス陸軍付きの薬剤師だったが、この戦争で運悪くプロイセン軍の捕虜となる。食べさせられるのは来る日も来る日もジャガイモだった。

農学者であり、薬剤師でもあったパルマンティエは捕虜生活のなかで、このジャガイモに興味を抱く。

「栄養もたっぷり。自分はこのジャガイモのお蔭で生き延びることができたのだ。このジャガイモで危機のフランスを救おう」

パルマンティエは、そう決意する。

確かにフランスは、危機のなかにあった。十八世紀、飢饉が一六回、フランスを襲っている。そして戦争。ルイ十五世はポンパドゥール夫人の進言を入れて七年戦争に参戦、英国などと戦うが、北米やインドの植民地を失うという苦い結果に終わる。それでもポンパドゥール夫人やデュ・バリィ夫人の贅沢《ぜいたく》は止まらず、国家の財政は窮乏し、民衆の不満は募っていく。その一方、打ち続く凶作で、民衆の手に小麦が入らない。

その危機脱出のため、フランス・アカデミーは一七七二年、「食糧飢饉を緩和する食物」についての論文を募集した。懸賞金付きの募集で、パルマンティエにとっては、待ちに待った機会の到来である。さっそく、応募。彼の論文は見事、採用となった。

「奇策」も採用された。ルイ十六世と王妃マリー・アントワネットは、パリ郊外にある二五〇〇アールほどの土地をジャガイモ栽培用としてパルマンティエに提供した。柵《さく》で厳重に囲った畑で、ジャガイモが育ち、緑の葉が茂ると、野次馬《やじうま》が集まりだす。昼間は銃を持った警備の兵が畑を物々しく守った。

「これほど厳重な警備をするからにはうまいものに違いない」

と、周囲の農民や野次馬はささやきあう。

その一方で、夜間は警備の手を抜き、わざと盗むにまかせた。これはパルマンティエの計略だったとも、警備の兵が袖《そで》の下を貰《もら》って見逃したのだ、ともいわれている。

「なるほど、悪くない」

そんなジャガイモの評判が広がっていく。

さらにパルマンティエは王室に強く働きかけた。ルイ十六世は、パルマンティエからボタン穴に挿せるようにつくられたジャガイモの花束の献上を受け、好んで挿したという。マリー・アントワネットら貴婦人たちも、美しいジャガイモの花をその髪や胸に飾った。イモの花は夜会で大流行する。

ジャガイモを使う料理も、パルマンティエは工夫した。ジャガイモ添えの意味で、彼の名前が使われているフランス料理が今に残る。

アッシ・パルマンティエ（ジャガイモと挽肉《ひきにく》のグラタン）
パルマンティエ風オムレツ
パルマンティエ風ポタージュ
パルマンティエ風肉料理などなど

フランス革命

フランス革命（一七八九〜九九年）は、ブルボン絶対王制を倒して、封建的社会関係を一掃、世界史上はじめて、本当の市民革命を実現し、西欧近代史の幕を切って落としたとされる革命だ。共和制の宣言、さらにはルイ十六世の処刑へと突き進むものの、一七九九年、ブリュメール（霧月）十八日のクーデターでナポレオン・ボナパルトが登場、理想と悲劇、流血と犠牲、献身、裏切りなどをない交ぜにした大革命は終結した。

その革命は、度重なる飢饉を背景にした女たちのヴェルサイユに向けての「パンを！」の叫びで始まるのだが、この場合の「パン」は、フランス、アナール派の歴史家マグロンヌ・トゥーサン＝サマが言うように「飢えを解決するものという換喩《かんゆ》表現」である。「飢えを解決するもの」を求める人々の前に、パルマンティエのジャガイモが登場するのである。

バスティーユ牢獄《ろうごく》攻略の一七八九年、パルマンティエの著書『ジャガイモ、サツマイモ、キクイモの栽培と利用法』が書店の店頭に並んだ。民衆が飢えと隣りあわせとなったこのときでなければ、ジャガイモがフランス人の生活の表舞台に引っ張り出されることはあるいはなかったかもしれない。

マグロンヌ・トゥーサン＝サマはこう書いている。

一七八九年のフランス革命勃発後の状況は、より効果的な宣伝となった。国民公会（一七九二〜九五）と総裁政府（一七九五〜九九）時代の人々は、救いの神「パルマンティエいも」の宣伝が不要なほど、非常に飢えていたのだ。こうして「パンのなり損ね（注・ジャガイモの意）」は、平等主義を代表する野菜となった。

（『世界食物百科』玉村豊男監訳）

ジャガイモ普及の最大の功労者パルマンティエだが、「ジャガイモ普及のため王に援助を求めた」という理由で、危うく恐怖政治の犠牲になるところだった。反対に反革命分子として捕らえられていた花屋が、バラが植えてあった場所で愛国的なジャガイモを植えることを条件に釈放されている。「自由・平等・博愛」を掲げた崇高な大革命の裏側に、こんな人間臭い小さなドラマもあったのだ。

一七九九年、ブリュメール十八日の軍事クーデターで登場したナポレオンもまた、パルマンティエと彼が提唱したプロジェクトに注目した。軍事的見地から食糧を自給できるフランスを目指したのである。とくに一八〇六年のベルリン勅令で大陸封鎖を開始してからはこの方針をいっそう強化、パルマンティエのプロジェクトを財政援助する。ナポレオンの時代、フランスのジャガイモ生産量は急カーブで上昇した。ほぼ一五倍になったと推定される（ザッカーマン、前掲書）。

3　抵抗を越えて――ロシアの場合

遅々とした普及

ロシアへのジャガイモ導入も、主に絶対王制下の開明君主の手で行われる。そんなロシアのジャガイモの歴史についてはR・E・F・スミス、D・クリスチャン著、鈴木健夫ら訳『パンと塩――ロシア食生活の社会経済史』に拠《よ》りながらみていきたい。同書は「（飲食という）ロシアの生活の、重要ではあるが看過されてきた領域の先駆的研究」「ロシアの食生活を論じる場合、必ずといっていいほど言及される書」などという高い評価を得ている。

啓蒙専制君主の典型だったロシアのピョートル大帝（在位一六八二～一七二五）は一六九七年、ロシアの近代化を目指して二五〇人からなる「大使節団」をヨーロッパに派遣、自らも名を変えてその一員となり、英国、オランダの造船所などで一職工として学んだ。そのピョートルがジャガイモに感動、ジャガイモの種イモ一袋を本国に送り、ロシア人の手で栽培するよう命じたといわれる。ピョートルはその治世で、新しい正規軍をつくるため、五三回の徴募を行い、二八万四〇〇〇人の兵を集めているが、凶作、そして穀物不足が続くロシアで「強兵」をつくりあげるには、ジャガイモが不可欠と考えたに違いない。それがいかほどの効果をあげたのかを窺《うかが》い知る確かな資料は残っていないし、「ジャガイモのより広範な栽培は、七年戦争に参戦、プロイセンから帰国した兵が持ち帰ってからだ」とする異論もある。

その後、元老院も一七六五年に「ジャガイモのより広範な栽培を目指せ」との元老院令を発布するが、それでもジャガイモ栽培は容易には広がらなかったようだ。

栽培された品種はしばしばサイズが小さく、味が苦かったので、庶民はそれを茹《ゆ》でるのでなく焼いて食べた。茹でたジャガイモは口にあうように、それにバターや他の調味料をつける必要があり、費用がかかった。旧教徒たちはジャガイモに反対した。なかには、それは「最初の二人の人間が食べた禁断の木の実である。それゆえ、それを食べるものは、誰でも神に背き、聖書を冒瀆《ぼうとく》し、決して神の国を受け継ぐことはないだろう」と信じる者もいた。北ロシアの大部分では蕪《かぶ》がとにかく伝統的な主要作物であり、ジャガイモがそれに取って代わることは、ほぼ一八世紀を通じてなかったのである。

（『パンと塩』）

それでも第一歩を踏み出したジャガイモ栽培は、少しずつ前進する。

貴族の髭を切るピョートル大帝
西欧化を急速に進めた（17世紀の版画）

一八〇七年にある著述家は、（中略）次のように書くことができたのである。「厳しい気候のために穀物が必ずしも実るとは限らないところでは、ロシアの住民は非常な勤勉さをもってジャガイモの栽培を始めており、入植者は特にそうである」。ともかく、第一歩が踏み出された。ジャガイモは、ロシアの多くの地域でかなり限られた規模ではあるが菜園作物となり、その潜在的な利用が探られていた。一八四〇年になって初めて、飢饉という状況のなかで、松やもみ皮、干し藁《わら》、粉藁などのような「通常の」付加的なものは別として、「ジャガイモが穀物の主要な代替物である」ということが、まさにいえるようになった。（前掲書）

その後のロシアでのジャガイモの歩みはどうだったか。一八六〇年代に参謀本部は各県の調査を行ったが、ジャガイモは、歴史は浅いもののますます重要な補助食品となっており、しばしば、それまでの常食だった粥《かゆ》の代わりをしていた。一九〇七年にあるイギリスの旅行者は、ジャガイモをロシア農民の食事の四大食品のひとつに挙げている。また、十九世紀末〜二十世紀初頭の統計数字でも、一三県の家計調査で、食品消費の目方の平均四〇パーセントは穀物、小麦粉、挽き割り麦、豆類からなり、ジャガイモは二〇パーセントだった。

ジャガイモ一揆

だが政府は、この普及のスピードに満足できなかった。痺《しび》れを切らし、「力＝強制」の政策に打って出るのである。

一八四〇年代、政府、とくに新設の国有財産省は国有地農民（一八三六年には全農民の四二パーセントだった）の間でジャガイモを主要作物にしようとする大規模な試みを始めた。これは、何年か続いた不作がきっかけだった。

一八四〇年八月、国有財産省は、国有地農民が共有地に一定量のジャガイモを作付けすることを命じる法令が発せられ、その政策実現のため、無数の回状や覚書を地方に送る。それに基づいて郡長や助役が村人に圧力をかけた。

ところがこれに対し広範な反対運動が巻き起こる。ジャガイモの栽培強制は、長い間に築いてきた確かな農作業の手順を狂わせる。ジャガイモが他の作物の収穫を減らすことも懸念されたし、すでにジャガイモ栽培を試みて、失敗した者もいる。旧教徒はジャガイモを「悪魔のリンゴ」とみなしていた。理由はさまざまだが、要するに農民たちは「一種の強制労働」と受け止めたのだ。食生活という「微妙な領域への政府の干渉」が、日頃の農民の不満に火をつけたという要素も大きかったろう。

翻訳家で名エッセイストでもあった米原万里が『旅行者の朝食』のなかで、食の保守性についてのこんなエピソードを紹介している。

十七世紀末、職工に身をやつしてオランダや英国で学んだピョートル一世は、そこでジャガイモを知る。これこそがロシアを救う食物と確信、天領で栽培して農民の前に茹でたイモを山と盛り、食べることを促すのだが農民たちは薄気味悪がって食べようとしない。

「いま朕《ちん》の目の前で食ってみせなければ、その場で打ち首にいたす」

と脅し、やっと食べさせたというのだ。

激しい抵抗

一八四二年、ついにジャガイモの作付け強制に反対する一揆が起こる。死者まで出す、激しい農民の抵抗運動だった。『パンと塩』によれば、一揆は次のような様相を呈した。

ジャガイモ一揆は、ウラル諸県で最も激しく、かつ最も広範囲に発生した。ヴャトカ県では、一八四二年五月、ノリンスキー郡ヴィコフスキー村の農民がジャガイモの作付けを拒否、ジャガイモの代わりにカラス麦を播いた。ヴャトカ県のいくつかの村では、地方当局の役人たちが農民に打擲《ちようちやく》されたり勾留《こうりゆう》されたりした。また、農民は、槍《やり》・斧《おの》・大鎌《おおがま》で武装し、最後には、県内のいくつかの郡で一〇万人の農民がこれに参加した。

六月十三日、県知事モンドヴィーノフは二門の大砲を擁する三〇〇人の部隊の先頭に立ってヴィコフスキー村にやってきて、動こうとしない六〇〇人の農民の群れと対峙《たいじ》した。少し言い争いのあった後、兵士は群集に発砲し、一八人の負傷者を出した。しかし、それでも農民は動こうとしない。結局、モンドヴィーノフは、兵士たちに命令を下し、ライフル銃の台尻《だいじり》を使って群衆を襲い、彼らを捕縛しようとした。長いもみ合いの後、農民の指導者は逮捕され、その他の農民は八人に一人が鞭打《むちう》たれた。これによって、農民の抵抗は終わった。

他の村々ではさらに頑強な抵抗があり、八人の農民が射殺され、負傷した四人も後に死亡した。

翌一八四三年、政府は強制の方針を捨て、「説得による普及」に切り替える。長い目でみると、この政策こそが正しかったことは言うまでもない。ジャガイモの作付面積は一八八〇年代半ばの一五七万ヘクタールから、一九一三年には三三九万ヘクタールに増大している。

そんな大きな代償を払って、ロシアの大地にやっと根付いたジャガイモ。その後の二度にわたる世界大戦、社会主義国家の成立と破綻《はたん》などの世界史的事件の都度、ロシア・ソ連の民を大きく支えたのが他でもない、このジャガイモだったのである。

デカブリストの乱とジャガイモ

ロシア語では十二月を「デカブリ」という。そこから、一八二五年十二月、ロシアの首都ペテルブルグ（現サンクト・ペテルブルグ）で起こったロシア最初の武装蜂起に馳《は》せ参じた人たちを「デカブリスト（十二月党員）」と呼ぶ。蜂起そのものはあっさり鎮圧され、失敗に終わるが、その結果、シベリアにジャガイモが根付くという思わぬ成果が生まれ、ロシアの民に大きな福音をもたらした。「ジャガイモ革命」と呼んでもよかろう。

この蜂起を計画したのは貴族出身の青年将校たちである。彼らのほとんどは、一八一二年の祖国戦争（ナポレオン戦争）とその後の外征に参加、そこで当時のロシアに比べ、はるかに進んだ西ヨーロッパの制度や文物に接し、同時に農民出身の兵士から悲惨な農奴の状態を聞く。そうして一八一六年、「立ち遅れた祖国ロシアの救済」を目的にムラビヨフら六人の近衛青年士官によって最初の秘密結社「救済同盟」がつくられるのである。

「救済同盟」は一八一八年、「福祉同盟」に発展、メンバーも二〇〇人ほどになるが、同時にロシアが立憲君主国になるべきか、共和国になるべきか、さらにはアレクサンドル一世の処遇をどうすべきか、などの路線対立も抱え込むことになる。

一八二一年、スパイを警戒して同盟は解散、「南部結社」「統一スラヴ結社」「北部結社」の三つに分かれ、後に「統一スラヴ結社」は「南部結社」と合併する。

一八二五年十一月、アレクサンドル一世が旅行先で急死した。皇位継承をめぐって混乱が起こり、「北部結社」は十二月十四日、新帝ニコライ一世への宣誓を拒否して首都ペテルブルグの元老院広場で蜂起、追いかけるようにして「南部結社」も二十九日にキエフ近くで蜂起するが、政府軍によってあっさり鎮圧された。ペステリ、ルイレーエフら首謀者五人は絞首刑、一二一人がシベリアなどに流刑となる。

「人民の参加のない革命の当然の挫折《ざせつ》」との批判は正しいとしても、後の歴史に与えたその巨大な影響を過小評価することは誤りであろう。人民のために一身を捧《ささ》げた彼らの行為は、ロシアの革命思想の原点となり、それを讃《たた》えるプーシキンの詩などで、語り継がれていく。また、詩人ネクラーソフは、流刑地のシベリアで夫とともに受難の生活を目指した妻たちの姿を「デカブリストの妻」（一八七一〜七二年）という叙事詩にまとめている。

シベリアに流刑となった貴族たちは、そこではじめて、農民の本当の暮らしを知る。極寒のシベリアの大地では、飢饉は日常茶飯事だった。「この地にこそジャガイモを」と流刑者たちは、遠い故郷から種イモを取り寄せてジャガイモ栽培を始める。生まれてはじめて鍬《くわ》を手にする者がほとんどだったろう。だが、農民はジャガイモを薄気味悪がって食べないし、栽培もしない。そんな農民に金貨を添え、ジャガイモを食べ、育てることを勧めたという。

そうした苦心の末にやっと、シベリアの大地にジャガイモが根付き、広がっていった。政治革命には失敗したが、貴族の青年らは貧しい農民の暮らしを変えていくというもうひとつの革命、「ジャガイモ革命」には見事に成功したのだった。そしてそれは、太平洋戦争後、シベリアに送られ、強制労働に従事させられた日本人抑留者の命と暮らしを支えるのである。

【コラム　ジャガイモと迷信】

ジャガイモのヨーロッパでの普及は、迷信の壁に大きく阻まれた。ジャガイモがもたらされるまで、ヨーロッパの多くの地方には、地下の茎から取れる食用植物はなかった。前例のないものを口に入れることには抵抗が伴う。そこに迷信や偏見が生まれる背景があったといえよう。

現在のジャガイモは形も色もスマートで美しくなったが、ヨーロッパに移入された当時のジャガイモは、形がごつごつで不規則なうえ、色も悪かったという事情がこれに加わる。そんな形や色から、病気を連想、ハンセン病、クル病、肺炎、赤痢、ショウコウ熱などの原因がジャガイモだという まったく根拠のない言説が生まれ、広がっていった。さらには「催淫《さいいん》作用がある」ともいわれ、敬遠された。このため、フランスの一部地方では、ジャガイモの栽培禁止を議会決議している。それほど抵抗や偏見は根強かった。

さらにキリスト教文化圏では「ジャガイモは聖書に出てこない食物。これを食すれば神の罰が下る」との文化的偏見も加わる。

そんな迷信や偏見をはねのけ、ヨーロッパにジャガイモが広がったのはひとえに、打ち続く飢饉と戦争のゆえだ。背に腹は代えられない。飢えをまえに民衆は、次第に迷信や偏見を乗り越えていくのである。

第六章　産業革命と「貧者のパン」

1　産業革命の明と暗

ふたつの革命

長い人類史における二大革命を「農業革命」と「産業革命」とすることに、大きな異論はあるまい。

「農業革命（Agricultural Revolution）」は最終氷河期が終わり、間氷期に入った一万余年前、人類が世界の五ヵ所で野生植物の栽培と野生動物の飼育を「能動的」に開始したことを指す。それまで人類は、「生物圏」と呼ばれる生物と自然の共存空間で、狩猟・採集に頼って生きてきた。その人類が、氷河期終了に伴う新たな危機（海面上昇に伴う沿岸面積の縮小と人口の稠密《ちゅうみつ》化など）に対処するため、はじめて自然に能動的に働きかけ、河川に手を加えて灌漑設備をつくり、人間の都合に合わせて田畑をつくって食糧増産を目指した。「人間圏」という「第二の自然」をつくりあげたともいえる。それまでの「生物圏」が生物と自然との互酬関係であったのに対し、「人間圏」は人間が自然から奪う一方の関係をつくりあげてしまったという意味でも人類史の画期的な出来事となった。環境問題もここに始まる。

もうひとつが「産業革命（Industrial Revolution）」である。十八世紀後半、英国に始まったこの革命は、当時のエネルギー危機、木材不足に対応すべく石炭の使用を開始、さらに木綿業を中心に機械化、大型化という大量生産方式（工場制機械製造システム）に突き進む。蒸気機関の発明や水力利用も進み、木綿産業の発展が関連の鉄鋼業、鉱山業を発展させた。そして「機械による機械の大量生産」という産業革命の究極の目的が達成されていったのだった。

産業革命の背景

産業革命の展開をいま少し、立ち入ってみてみたい。

十六世紀以降、ヨーロッパは深刻な森林資源の枯渇、欠乏に悩まされる。中世に、ヨーロッパ各国が森を切り尽くしたからだ。森の木は、この時代の産業用、家庭用の主要燃料となったばかりでなく、家屋、水車、風車、橋、軍事施設、砦《とりで》、防護柵などの材料だった。さらに重要産物のワインの樽《たる》や重要輸送手段の船も、機械類も木から造られた。

中世の森林開墾（破壊）の先頭に立ったのは、意外にも修道院だった。ベネディクトゥス派やシトー派は「清貧」「貞潔」「労働」などを掲げて未開墾地（ほとんどの場合が森）の開墾に力を注いだ。また、教会のステンドグラスづくりには大量の鉄、そしてその鉄を精錬する大量の木が必要だった。ひとつの教会堂のステンドグラスのために数千エーカーの森が切り尽くされたという。

木に代わるエネルギー源として英国は、いち早く石炭に注目する。英国の石炭の生産量は次のような急増カーブを描く。

一五四〇年頃　年間約二〇万トン
一六五〇年頃　年間約一五〇万トン
一七〇〇年頃　年間約三〇〇万トン

このエネルギー源の転換こそが、英国の産業革命開始の狼煙《のろし》だったのである。

英国の産業革命は、ヨーロッパの伝統産業である毛織物工業ではなく、新興の木綿業から起こった。これには民衆の夢がからんだ「ある事情」があった。

十七世紀後半、英国は次第にアジアと深くかかわるようになる。イギリス東インド会社などが本国にもたらす数々の品、茶、絹、陶磁器、綿布などが英国の中産階級を強く惹《ひ》きつけた。とりわけ、「キャラコ」と呼ばれた平織りのインド綿は婦人たちのこころを強くつかむ。美しい色彩、すぐれた吸湿性、丈夫さ、そしてなめらかな手触り。そんなキャラコを国内に大量供給することが、英国の「国民的課題」になっていったのである。

相次ぐ技術革命

綿布の大量生産を目指し、懸命の技術開発、技術革命の努力が始まる。一七三三年、ジョン・ケイが「飛び杼《ひ》」を発明、それが綿業にも導入され、織布効率は二倍となる。

綿糸をつくり出す工夫では、一七六四年、織布職人のジェイムズ・ハーグリーヴズが、一度に八本の糸を紡ぎ出す多軸紡績機を発明、娘の名を取って「ジェニー紡績機」と命名した。一七六九年、アークライトは水車を使う「水力紡績機」をつくり、次いでサミュエル・クロンプトンが、アークライトとハーグリーヴズの長所を兼ね備えた「ミュール精紡機」の発明にこぎつける（一七七九年）。また綿布工程ではカートライトが水力で動く自動織機を発明、やがてそれが蒸気機関をエネルギー源とする「力織機《りきしよつき》」となり、産業革命を大きく前進させた。

さらに発明は続き、ジェイムズ・ワットがニューコメンの蒸気機関を改良して新しい動力源とし、機械と蒸気エネルギーを結びつけるのである。

英国の綿花使用は、一七七〇年の三二五五万ポンドから一七八〇年には六五五万ポンドに、さらに一七九〇年には三〇六〇万ポンド、一八一〇年には一億二四〇〇万ポンドと急テンポで増大した。そんな木綿産業の爆発的発展で、関連の製鉄部門も活性化する。ヘンリー・コートが石炭を燃やしたコークスの利用で純度の高い鉄をつくる「パドル法」を発明（一七八三～八五年）、鉄生産が一気に伸びた。純度の高い鉄の登場で旋盤などの工作機械の生産が可能になり、そうして生まれた工作機械で機械を大量生産する体制が実現した。「機械による機械の生産」、それこそが産業革命の完成である。

産業革命がもたらした「暗」

エネルギー源の転換を果たし、機械制工場のシステムを打ち立てた英国は「世界の工場」となった。とくに綿工業は国民経済の中核を担い、一八〇二年には、輸出でも毛織物を追い越す。「キャラコを国民の手に」という英国の国民的課題もかなえられたのだった。産業革命がもたらした「明」といっていい。英国をヴィクトリア朝の黄金時代に導いたのも、まぎれもなく産業革命だった。

英国の紡績工場で働く子ども（1840年頃）

しかし同時に、この革命は、目を覆いたくなるような「暗」をもたらしたのだった。そうした「暗」に注目して論陣を張り、行動を起こした人々もいた。例えばアーノルド・トインビー（一八五二〜八三)。ロンドンに生まれ、オックスフォード大学で教鞭《きょうべん》を取りながら、社会改良家として実践にも身を投じたトインビーは、産業革命こそが労働者の貧困を生んだ、と結論した。農村社会から資本主義的工業社会への劇的な変化のなかで、家庭も生活も崩壊、確かな就労も保障されない工場労働者が、貧困と犯罪の都市社会のなかで途方に暮れ、立ちつくす。そんな「暗」をもたらしたとみたのである。彼は、ロンドンの貧困街イースト・エンドのスラム改良に取り組み、セツルメント運動の先駆者として知られる。

カール・マルクスと並ぶ社会主義思想家フリードリヒ・エンゲルス(一八二〇〜九五)は一八四五年、『イギリスにおける労働者階級の状態』を著し、十八世紀末から十九世紀前半にかけての英国の経済的社会的激動の全体像、産業革命下の労働者階級の悲惨な実態を鋭い筆致で描き出した。エンゲルス二十四歳のときの作品である。社会主義思想がすっかり色あせたといわれる現在でもなおこの書は、産業革命の実相を告げる歴史的文書としてその輝きを失っていない。

若きエンゲルスは二一ヵ月かけてロンドンはもとより、マンチェスター、リヴァプール、グラスゴーなど英国各地の街を歩き、貧民街に入り込み、人々の暮らしを見、聞いている。そのうえで新聞記事、各種の調査報告書など膨大な資料を集めて仔細《しさい》な分析、検討を行い、労働者階級の姿を描いたのだった。生活事例の豊富さは、他に例をみないといわれる。

浜林正夫訳の同書に拠りながら産業革命下の労働者の暮らしをみたい。労働者の暮らしの全体像をみるために、「衣」「食」「住」全体についてみてみようと思う。

まず、「住」からみよう。

ウェストミンスターのセント・ジョン教区とセント・マーガレット教区には、統計協会の雑誌によれば、一八四〇年に五三六六の労働者家族が五二九四の「住居」――もしそれが住居といえるなら――に住んでいた。年齢や性別を無視して、男も女も子どももいっしょにして、合計二万六八三〇人が住んでいたのであるが、これらの家族のうち四分の三は、たった一部屋しかもっていなかった。同じ雑誌によると、ハノーヴァー・スクェアのセント・ジョージという貴族的な教区にも、一四六五の労働者家族、計六〇〇〇人が同じような状態で住んでいた――ここでも家族数全体の三分の二以上が、一家族あたり一部屋の割合でおしこめられていた。

では「衣」はどうであろうか。ロンドンの労働者街のある牧師の声が収められている。

この付近一帯で作業衣以外の服を持っている戸主は、一〇人に一人もいないし、その作業衣もきわめて粗末でぼろぼろである。それどころか多くの人は夜にはこのぼろ服以外には掛けぶとんもなく、藁とかんなくずをつめた袋以外にはベッドもない。

貧者のパン・ジャガイモ

いよいよ私たちは、産業革命下の労働者階級の「食」をみていくことにする。

個々の労働者の日常の食事そのものは、当然のことながら賃金に応じてさまざまである。比較的賃金の高い労働者、とくに家族全員がいくらか稼ぐことのできる工場労働者は、そういう状態がつづくかぎり、よい食事をとっており、毎日肉を食べ、夕食にはベーコンとチーズを食べる。もっと稼ぎの少ない労働者は日曜日だけ、あるいは週に二、三回肉を食べ、その代わりにジャガイモとパンをたくさん食べる。もっと下の方へおりていくと、動物性の食物はジャガイモのなかにきざみこまれたわずかなベーコンだけになってしまう——さらに下へおりるとこれもなくなって、チーズとパンとオートミール（porridge）とジャガイモだけしかなく、最下層のアイルランド人までくるとジャガイモだけの食事になる。

食事の量も食事の質と同じように賃金に応じていること、また賃金の安い労働者は、そのうえ大家族をかかえている場合には、完全に仕事についているときでさえ、飢餓におちいるということは自明のことである。こういう低賃金労働者の数はたいへん多い。とくにロンドンでは、人口の増加に比例して労働者の競争もはげしくなるので、こういう階級がきわめて多数いるが、しかし、ほかのすべての都市にも見られる。そこでさまざまなやり方をさがす。ほかに食物がないときは、ジャガイモの皮、野菜のくず、くさりかけの植物性の食物を食べ、ほんのすこしでも栄養分のありそうなものはすべて貪欲《どんよく》にかきあつめる。

労働者の家計簿

産業革命下の労働者の家計、家計簿の実態とは、どんなものだったのだろうか。英国の歴史研究家レイ・タナヒルは、その著『食物と歴史』（小野村正敏訳）のなかで、一週間の全収入が七五ペンスの家庭が、一八四一年にどういう予算で暮らしていたかについて、次のようなモデルを提示している。これは、半熟練労働者が常勤で働いた場合の典型的な収入だという。

四ポンドのパン五本	一七・五〇ペンス
肉五ポンド	一〇・五〇ペンス
ポーター（庶民的な特製の黒ビール）七パイント	六・〇〇ペンス
石炭	四・〇〇ペンス
ジャガイモ四〇ポンド	七・〇〇ペンス
紅茶三オンス、砂糖一ポンド	七・五〇ペンス

バター一ポンド	三・五〇ペンス
石けん、ろうそく	二・七五ペンス
家賃	一二・五〇ペンス
教育費	一・五〇ペンス
雑費	二・二五ペンス
合計	七五・〇〇ペンス

そのうえで彼女はこう書くのである。

1830年代と1840年代には、イギリスの労働者が稼げる賃金は、週に25ペンスないし2ポンドぐらいの範囲でした。1840～41年の貨幣価値では、25ペンスで1・8キロのパンが6本買える勘定になり、これだけの量のパンがあれば、大人2人、子供3人という標準家族が食べては行けました。しかし、これでは家賃を払ったり、紅茶を買ったりするお金は残らず、貧乏人にとって肉の代わりになっていた少量のベーコンさえ買えません。

〝よい食事〟というと、すぐに調理できて、お腹《なか》がふくれる温かいもので、たいていの場合、茹でたジャガイモと紅茶を意味していました。ジャガイモは値が安く、20ポンドを5

ペンスくらいで買えたからです。一家の主人なら、お昼にコーヒー店でパイ1個かソーセージ1本くらいは食べていたでしょうし、週末がくると、日曜の夕食には家族全員でスープとシチューとプディングを食べていたと思われます。これが貧乏な人たちの食事内容ですが、この程度で多くの人たちが生き長らえていましたし、またこんな食事のために死んだ人もたくさんいたのです。

英国の労働者がこの最悪の状況を脱し、他のヨーロッパ諸国の労働者を上回る賃金を手にすることができるようになったのは、一八五〇年から一八六〇年頃といわれる。

『国富論』とジャガイモ

ジャガイモの重要性と可能性、将来性をいち早く見抜き、その普及を強く訴えた人物のひとりがアダム・スミスである。スミスは『国富論』（一七七六年）のなかで次のように述べている。

馬鈴薯畑で生産される食物は、水田で生産される食物よりも量において劣らないし、小麦畑で生産されるそれよりははるかに勝っている。一エイカーの土地から馬鈴薯が一万二千封度《ポンド》とれても、小麦が二千封度とれたのにくらべて多いなどとはいえない。これら二種の植物からとれる食物、つまり実質上の栄養分は、馬鈴薯には水分が含まれているから、その重量に比例するとはいえない。だが、大いに斟酌《しんしゃく》してこの根菜の重量の半分が水分だとしても、なおこうした一エイカーの馬鈴薯畑はおよそ六千封度の実質栄養分を生産するわけである。これは、一エイカーの小麦畑の生産量の三倍にあたる。一エイカーの馬鈴薯畑は、一エイカーの小麦畑よりも少ない費用で耕作できる。（中略）耕地の面積は同じでも、馬鈴薯のほうがはるかに多数の人々を扶養することになるであろうし、また労働者は一般に馬鈴薯で養われるようになるから、その耕作に投下されるいっさいの資本を回収し、いっさいの労働を維持した後に、もっと大きな余剰が残ることになるだろう。（中略）ロンドンの轎《かご》かき、荷運び人夫や石炭仲仕、それに売春で生計をたてている不運な婦人たちは、おそらく大ブリテンの領土でも最も強壮な男子であり、また最も美しい婦人であるだろうが、かれらの大部分は、一般にこの馬鈴薯を食用としているアイルランドの最下層階級の出であるといわれている。他のどんな作物も、馬鈴薯ほどに栄養に富み人体の健康によく適することを証明できるものはない。

（大河内一男監訳）

（注・一ポンドは約四五三・五九グラム）

アダム・スミスのこの主張は、打ち続く凶作による小麦価格の高騰、産業革命下の労働者階級の窮状などを背景に、次第に受け入れられていくのである。

2　日本の産業革命

劣悪な労働条件

日本の産業革命についても触れておきたい。

日本の産業革命は、企業勃興《ぼっこう》期（一八八六～八九年）に始まり、日清戦争（一八九四～九五年）、日露戦争（一九〇四～〇五年）の間に急速に進展、日露戦争後の一九一〇年（明治四十三年）頃に終了し、日本資本主義の確立をみたといわれる。紡績業、製糸業などが先導、官営工場、鉱山業などがこれに続いた。

本家英国より一世紀以上遅れて出発した日本の産業革命は、次のような特徴を持ったものとなる。

第一の特徴は、自生的資本主義化の不十分さを補完すべく、政府が財閥系企業に大きく肩入れし、保護育成をはかったこと、そして第二は、先進資本主義諸国が到達していた技術水準を急ぎ移植、模倣し、いわゆる「後発性利益」を十二分に利用、活用したことだ。こうした「上からの産業革命」が産業間の格差と農業の立ち遅れなどを招くのである。

重ねた無理と歪《ひず》みは、日本の労働者の状態をきわめて苛酷なものとする。

この時期の日本の労働者の状態を知るうえで欠かせぬ史料が『職工事情』だ。菊判五号活字で五冊の膨大な労働事情の調査書で、現在の経済産業省の前身にあたる農商務省の工務課工場調査掛が一九〇一年（明治三十四年）に行ったもの。「日本での産業革命の時期の工場労働者（職工）の労働事情、劣悪な労働条件などを赤裸々に記録した史料」として定評がある。

紡績工場の労働時間をみよう。昼夜交代が行われているが、その労働時間は十一時間または十一時間半（休憩時間を除く）が通例で、男女、年齢の長幼を問わず、同一の労働に就いている。

始業および終業の時刻については、昼業部は午前六時に始めて午後六時に終り、夜業部は午後六時に始めて翌日午前六時に終るを通例とす。ただし時季により多少の変更ありとす。また業務の都合により居残り執業《しゅうぎょう》せしむること多し。通例二、三時間なれども夜業部の職工欠席多きときの如《ごと》きは、昼業職工の一部をして翌朝まで継続執業せしむることなきにあらず。加之《しかのみならず》業務繁忙の場合には昼夜交替に際して、夜業者をして六時間位居残り掃除せしめ、昼業者をして六時間位早出掃除せしめ、結局十八時間を通し労働せしむることあり。

（『職工事情』犬丸義一校訂）

寄宿舎や食事の状況はどうだったのか。

寄宿舎は紡績職工の住居として最も広く行われ、殊に女工にして通勤にあらざる者は大半寄宿舎の生活をなせるが如し。

寄宿舎は大抵木造二階建ての長屋にして、一室の広さは十畳ないし二十畳なるを通例とするも、十数年以前建築したものは概して広き一室にして中に四、五十畳に及ぶものあり。しかれども近時漸《ようや》く小室に区画するの傾向を生じ、その小なるものには六畳ないし八畳のものあり。而《しか》して収容人員は一畳につき一人の割合を普通とす。（中略）

（寄宿舎での）食事は商人に請け負わしむるものと会社みずから賄うものあり。商人に請け負わしむるものは往々にして粗悪に流るるの弊多きが如し。飯は通常米飯にして稀《まれ》に麦飯の処《ところ》あり。また副食物は野菜乾物を主とし、毎月数回は小魚類を給するを普通とし、稀に毎週肉類を供するものあり。

（前掲書）

大原孫三郎の挑戦

そんな時代に、きわめて少数ながら労働条件の改善に正面から取り組んだ経営者もいた。その代表格が大原孫三郎《おおはらまごさぶろう》（一八八〇〜一九四三）である。

孫三郎は、岡山県倉敷の大地主で倉敷紡績社長の大原孝四郎の次男として生まれた。東京遊学の後、帰郷、キリスト教社会事業家の石井十次《いしいじゅうじ》に接してその活動に感銘を受け、キリスト教に入信。「岡山孤児院」の後援や「倉敷商業補習学校」の創設、運営など社会、文化事業に携わった。

そして一九〇六年（明治三十九年）、孫三郎は父親から倉敷紡績を継ぎ、社長となる。二十六歳だった。しかし孫三郎は、綿ぼこり舞う工場で長時間の労働に従事する女工たちの姿に打ちのめされる。

「この姿はおかしい。女工たちをこんな形で働かせるしか方法はないのか。別の道はないのか」

孫三郎がまず取り組んだのはこの労働環境の改善だった。多数の従業員の給食や、人集めなどに介在し、中間搾取の温床だった飯場《はんば》制度を廃止、一九〇七年（明治四十年）からは労働時間を一時間短縮して一日一一時間とした。

そして手がけたのが女工用の新寄宿舎の建設だった。同年一月、工場東側の隣接地を買い増し、四万一二〇〇平方メートルを「福利施設用ゾーン」とした。二階建て集合式寄宿舎だった当初計画を根本から見直して、そこに工場の仕事を終えた後は家庭に帰った雰囲気を味わえるようにと「平屋式分散寄宿舎」を建てる。一棟を二～四戸とし、一戸につき二畳と六畳の部屋を配して定員は五人までとした。棟の間には花壇もふんだんにつくられた。「倉敷式分散寄宿舎」と呼ばれる先駆的な試みで、後には労働問題に理解のある女子大出身者数名を女子寄宿舎従業員に対する進歩的管理係として採用、そのうちのひとりが紡績女工の結核撲滅に一生を捧げた農商務省の工場監督官石原修の夫人になったという（『大原孫三郎の経営展開と社会貢献』大津寄勝典）。

また、男子工に対しては「倉紡工手学校」を開設、遠方通勤で苦労していた工員のために工場から徒歩一〇分の地区に一三六戸の社宅も用意した。さらに従業員のための病院も開き、後に地域に開放していく。エル・グレコの「受胎告知」をはじめ、セザンヌ、ブラック、ピカソなどの西洋絵画のコレクションで知られる大原美術館を創立（一九三〇年）したのもまた、孫三郎だった。

大原孫三郎

一九一九年（大正八年）、孫三郎は、日本における民間初のシンクタンクといわれる「大原社会問題研究所」（略称社研）を設立する。一九一八年（大正七年）七月、富山に端を発した米騒動のすさまじさを目にした孫三郎が、社会に山積する問題を解決することの重要性を痛感したためという。社研の所在地は当時の経済の中心地だった大阪。初代所長には日本を代表する経済学者のひとり高野《たかの》岩三郎《いわさぶろう》（一八七一～一九四九）が就き、研究員には大内兵衛《おおうちひょうえ》、森戸《もりと》辰男《たつお》、宇野《うの》弘蔵《こうぞう》、長谷川如是《にょぜ》閑《かん》、笠信太郎《りゅうしんたろう》など錚々《そうそう》たる顔ぶれが並んだ。『日本労働年鑑』『日本社会衛生年鑑』の発行やディドロ、ダランベールの『百科全書』七〇冊、カント叢書《そうしょ》などの文献収集などで、「日本における社会科学の聖地」といわれた。一九三七年（昭和十二年）、社研は東京に移転、法政大学に引き継がれていく。

一九二〇年（大正九年）冬の深夜、孫三郎は気鋭の医学士、暉峻義等《てるおかぎとう》（一八八九〜一九六六）を倉紡の工場に招き、綿ぼこりの舞うなかで深夜作業に就く女工たちの実態をみせながら、必死に訴えたという。

「この労働状態はどうにかしなければなりません。しかし、私一人の力だけではどうすることもできないのです。工員たちがもっと明るく強く、そしてよく働き、幸福な生活ができるよう、ぜひ倉紡の工場にきて研究していただきたい」（『財界人の労働観』間宏編集）

孫三郎の熱意に打たれて暉峻はその場で、労働の科学的研究に身を捧げる決意をする。

一九二一年（大正十年）、暉峻を所長とする「倉敷労働科学研究所」が発足、「温湿度と労働」「深夜業と労働」などの研究成果が相次ぎ発表されていく。孫三郎はこれらの研究成果をもとに、工場の壁を蔦《つた》で覆う対策、室内氷柱冷水などの対策を取り入れていった。また、同研究所が給食の改善の過程で生み出した「労研饅頭《まんとう》」は、栄養価の高い国民食として全国に普及した。

「工場をして共同の作業場たらしめることは、労働者をして強いて働かしむるという意味ではなく、共同相互の福利増進に協力関与せしむるという思想が最も肝要だと考えます。しかもこの見地よりせる職工の幸福健康、個人収入の増加は、真に工場経営における生産費減少と計算的にも一致することを知るのであります」（前掲書）

と語る孫三郎の思想には、協同組合への志向も垣間《かいま》見える。「大正デモクラシー」という時代の波を浴びてのことと思われるが、孫三郎は親しい友人に、

「いや、僕も実を言えば社会主義に関心をもっている」

と語っている。

日本の産業革命とジャガイモ

では、日本の産業革命の時代にジャガイモはどんな役割を担ったのであろうか。

一九二五年（大正十四年）に上梓《じょうし》された細井和喜蔵《ほそいわきぞう》（一八九七〜一九二五）の『女工哀史』は、『職工事情』と並んで、日本の産業革命下の労働者の実情を知ることのできる一級史料である。

そのなかに、大阪紡績の女工の一交代間における献立表が出てくる。

朝　　　麩汁《ふじる》、香々
昼と夜中　馬鈴薯、香々
夕　　　揚豆腐、香々

次の日も、

朝　　馬鈴薯汁、香々

昼と夜中　ヒジキ、香々

夕　　菜の煮たの、香々

そして細井はこう続ける。

先ず味噌《みそ》汁《しる》であるがこの味噌は大阪市販の赤味噌や白味噌ではなく、特に製造納入せしめた糠味噌《ぬかみそ》なのである。それからその汁の実であるが菜っ葉の時には思い切っていれてある。しかしすこし材料の高い薯や澄まし汁の場合は全く茶碗の中へ汁の実がはいらぬことさえ珍しくないのである。

日本の産業革命を大きく支えたのは女工たちだ。綿ぼこりの舞うなかでの立ちっ放しの長時間勤務からやっと解放された女工たちを待っていたのがこの味噌汁だった。わずかに入ったジャガイモの味はどんなだったろうか。ほろ苦い涙の味がしただろうか。

日本の産業革命においてもジャガイモは、確かに「貧者のパン」の役割を担ったといえそうだ。

【コラム　オベリン・孫三郎・清水安三】

ジャン＝フレデリック・オベリン（一七四〇〜一八二六）は、フランス東北部のアルザス地方バン・ド・ラ・ロッシュ郡の谷間の寒村で六〇年間、キリスト教の布教、教育活動などに献身、とくに幼児教育に心を尽くした先駆者として知られる。アルザス地方は古来、フランス、ドイツ両国の係争地。オベリンは戦争の破壊と略奪に翻弄《ほんろう》された谷間の村々の土地の改良と作物の品種改良にも尽力した。品種改良でとくに力を入れたのがジャガイモの普及だった。

ジャン＝フレデリック・オベリン

オベリンは、まずロレーヌ、スイス、ポーランドから種芋を持ってきて実験することから始めた。スイスの赤い皮の品種が最も良いことがわかった。それは、シュタインタールの土地によく育ち、味も栄養も申し分なく、アルザス・ライン地方の品種より保存がきいた。オベリンの成功は劇的と言ってよいほどだったので、すぐさま人々は種を分けてほしいと言ってきた。もちろん、オベリンは喜んで種を分け与えた。（中略）このジャガイモは今日でもなお「シュタインタールの赤」として知られ、需要がある。

（『ジャン＝フレデリック・オベリン――アルザスの土を耕し心を育んだ生涯』ジョン・W・カーツ著、柳原鐵太郎訳）

大原孫三郎は一九二三年（大正十二年）、「大陸進出計画を最終的に取り決めるため」、中国視察に出かける。

清水安三

北京《ペキン》で孫三郎を案内したのが、北京・朝陽門外のスラム街で孤児らの教育に取り組んでいた清水安三《しみずやすぞう》（一八九一～一九八八）だった。

安三は三日案、一週間案、一〇日案の三種の視察日程表を用意。そこには通常の名所旧跡だけでなく、家庭訪問、遊郭、阿片窟《アヘンくつ》、貧民の娯楽所などの視察、北京大学の学長、同教授で作家の胡適《こてき》、学生らと引き合わせることも可能、とあった。

孫三郎の北京滞在はわずか四日間だったが、安三の案内にすっかり満足する。

北京を去る日が近づき、孫三郎は土産物を買いに出かける。安三が巧みな駆け引きで値段交渉をした際、一粒四千円相当の翡翠《ひすい》を手に取り、

「これ一粒の金があったら」

とつぶやく。それを聞いた孫三郎が、

「何に使いますか」

と問うと安三は、

「米国に留学できます」

と答えた。孫三郎は即座に、

「留学しなさい。私がお金を出します」

と援助を約束した（『北京時代の清水安三先生』清水畏三）。

安三は一九二六年（大正十五年＝昭和元年）から一九二七年（昭和二年）まで、米国オハイオ州のオベリン・カレッジの神学部に留学。男女共学、黒人と白人の共学を最初に実践した大学として知られる同大学の名前は、冒頭に紹介したジャン＝フレデリック・オベリンにちなむ。

米国留学後、北京に戻った安三は朝陽門外のスラム街で、少女たちを売春から救うため、読み書きと手技を教え、「北京の聖者」と呼ばれた。しかし、一九四五年（昭和二十年）、日本は敗戦。安三は校舎や教材のすべてを残して日本に引き揚げ、東京西郊の町田の地に桜美《おうび》林《りん》学園を築く。桜美林の名は安三が学んだオハイオ州の大学名に由来するだけでなく、アルザスの谷間のジャガイモの村に生きた聖職者ジャン＝フレデリック・オベリンにちなんだものでもある。

第七章　現代史のなかのジャガイモ、暮らしのなかのジャガイモ

1　戦争とジャガイモ――ドイツの場合

農場と化したティアガルテン

ドイツ連邦共和国の首都ベルリン。その中心部に広がる同市最大の公園がティアガルテンである。自然の森と沼地を囲って王室の狩り場としたのが始まりで、後に公園に衣替えされた。総面積は約二五五ヘクタール。東京の代表的な公園である新宿御苑（約五八・三ヘクタール）、日比谷公園（約一六・五ヘクタール）を合わせても面積では足下にも及ばない。

その広大な公園内には今、松、菩提樹《ぼだいじゅ》、樅《もみ》、橅《ぶな》、栗《くり》、樫《かし》などの巨木が枝を広げ、池や芝生が点在、バラやダリアの花壇も美しい。また、園内をたくさんの小道がクロスし、公園の中央部には車の通行が許された幹線路、「六月十七日通り」が東西に走っている。映画「ベルリン・

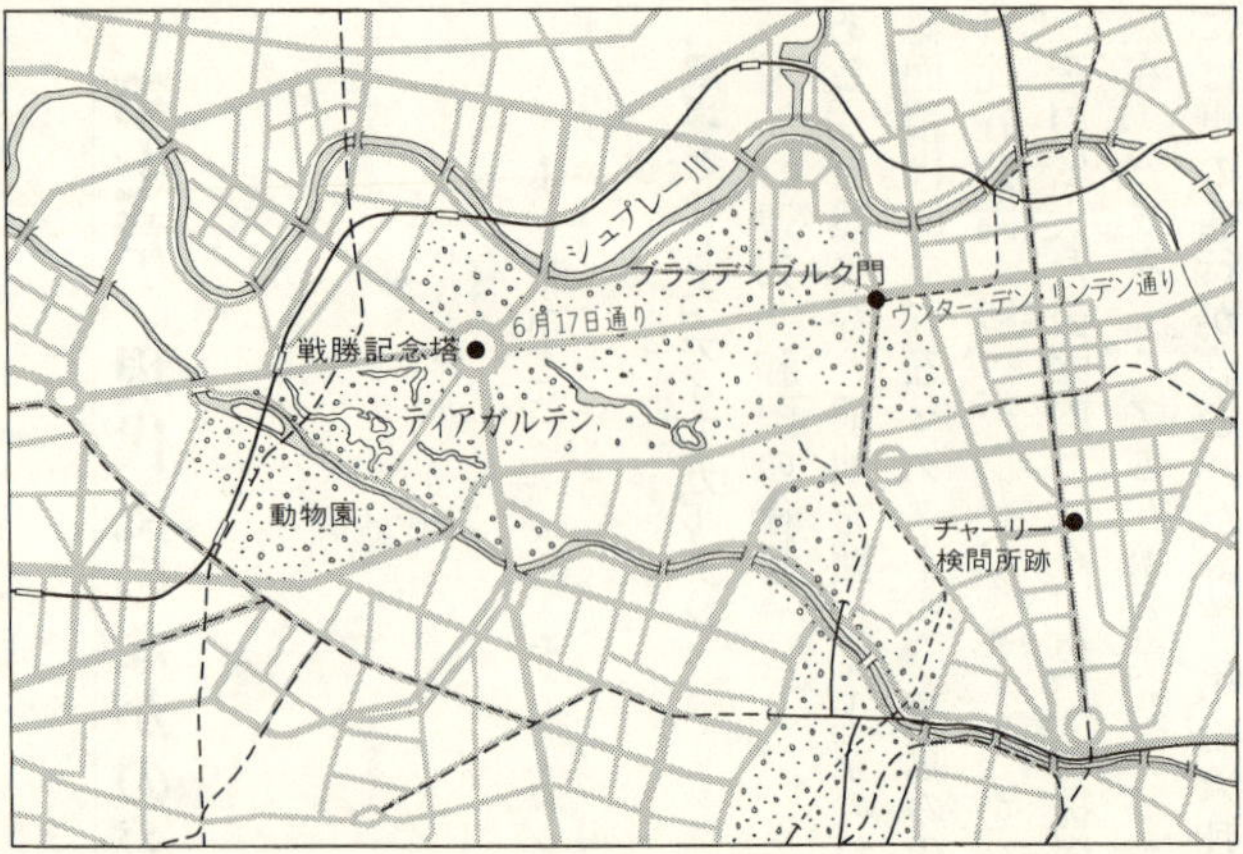

天使の詩」（一九八七年）のなかで、中年天使が羽を休めた戦勝記念塔ジーゲスゾイレが立つのもこの通りだ。第二次世界大戦直後には、この通りが簡易滑走路となり、戦勝記念塔が管制塔となったというから驚きである。

公園の東端に接して、一七八八年から一七九一年にかけて建造されたベルリンの象徴ブランデンブルク門が立ち、公園内には一八四四年にオープンした動物園もある。ベルリン市民にとってのかけがえのない憩いの場で、夏の昼下がりには、公園内の芝生でベルリン子たちが水着姿で日光浴を楽しむ。

森鷗外《もりおうがい》の代表作『舞姫』（一八九〇年）にはこんなくだりがある。

　或《あ》る日《ひ》の夕暮なりしが、余は獣苑《じゅうえん》を漫歩して、ウンテル、デン、リンデンを過ぎ、我がモンビシユウ街の僑居《きょうきょ》に帰らんと、クロステル巷《こう》の古寺の前に来《き》ぬ。

（『新潮日本文学・森鷗外』）

この獣苑こそがティアガルテンである。ドイツ語でティア（Tier）は動物、獣、ガルテン（Garten）が庭、苑を意味するから、「獣苑」は文字通りの直訳である。

第二次世界大戦の直後、この公園の樹木がすべて切られ、ジャガイモ畑になったが、そんな光景を知るベルリン市民はもはや少数派だ。

「こんなに木が大きくなって……。ここが一面、ジャガイモ畑だったなんて、私だって信じられない思いです」

久しぶりにこの公園を訪れたというクリスタ・ラドゥケは、サングラスがよく似合う一九三一年生まれの老婦人だ。十六歳の春から三年間、家族と一緒にここでジャガイモを育てたのだという。

第二次世界大戦の開戦当初、破竹の進撃を続けたドイツだったが、やがてベルリンはじめドイツの諸都市が連合軍の激しい空爆に見舞われることになる。一九四二年五月以降、英国空軍は一〇〇〇機規模でドイツ諸都市を爆撃、さらに大戦後半には米軍機もこれに加わった。

彼女はベルリンのビスマルク通りにあったドイツオペラ座が、一発の爆弾で吹き飛ばされたのを鮮明に記憶している。

「一九四三年だったと思います。役者さんの衣装が、吹き飛ばされて近くの木にぶら下がっていました」

その年、一九四三年からドイツでは学童疎開が始まる。ラドゥケも同年秋、ザクセン州の田舎に学童疎開した。ドイツ全土では一九四四年までに約二〇〇万人の学童が全国五〇〇〇ヵ所の疎開施設に逃れたという。

「本来は疎開先では学校施設などで共同生活するのですが、体の弱かった私は特別に農家にホームステイすることが許されました。そのせいか、特段ひもじい思いをしたという記憶はありません。ベルリンの両親が、その農家にお金を送っていたからかもしれません。ひもじい思いをしたのはむしろ、戦後です」

とラドゥケ。一九四五年七月にベルリンに無事戻り、焼け残った自宅で両親との生活を再開する。彼女の記憶では、ティアガルテンでジャガイモづくりが始まるのは一九四六年。戦争末期から敗戦直後にかけて、公園の木はすべて切り倒され、燃料の薪《たきぎ》になっていた。そしてその跡地がジャガイモ畑になった。食糧の足しにと、公園内にいた野うさぎを追いかけた市民もいたという。

「区役所が約一〇〇平方メートルに区切り、ベルリン市民に貸し出しました。公園はすっかり裸地になり、シュプレー川沿いの臨時議会の建物までが見渡せました。何千もの区画がつくられましたよ。みな、ジャガイモ畑でした」

ジャガイモ畑と化したのはティアガルテンだけではない。敗戦国ドイツは連合国の管理下に置かれ、敗戦直後の配給食糧は国民一人あたり一日約一〇〇〇キロカロリーにまで落ち込んだ。「このままでは飢餓状態が生じる」として英国占領軍当局は一九四五年六月、「ドイツの食料事情に関する指令」を発し、あらゆる耕作可能な土地にジャガイモなどの植え付けを命じたのだった（『世界の食文化・ドイツ』南直人）。

さて、ラドゥケ一家は叔母一家とともにティアガルテンの一角でジャガイモを栽培した。土中に残った木の根を掘り出し、区役所から配給された種イモを植えたのだが、砂地の瘠せ地で育ったイモは貧弱を極め、二家族を深く嘆かせた。

「イモ泥棒も出るので、畑を見張らなくてはいけません。それが主に子どもの役割でした。同じ年頃のいとこと見張りに立ちましたが、どこにも日陰がなく夏は暑かった。しかし、夜間は外出が禁止で見張りはできません。あるとき母がひどく怒っていたのを覚えています。ジャガイモが夜間に盗まれたということだったように思います」

とラドゥケ。

ジャガイモづくりは三年間続いた。どの年も収穫は少なく、わずかに配給の足しになる程度だったという。

不足する食糧は、「切り売り」で凌《しの》いだ。幸いなことに彼女の家は貸本屋で、数千冊の本があった。

「当時、テレビや映画などの娯楽はまったくありませんでした。ですから本は大人気で、食糧と交換できたのです。私たちは恵まれていました。家を焼かれた知人は、四人家族でしたがめったに食べ物が手に入りません。ジャガイモの皮で飢えを凌いでいました」

母の買い出しをラドゥケも手助けした。買い出しのことを当時、「ハムスターしに行く」と言ったという。

「ほら、食べ物で頰をいっぱいにする動物。あのハムスターですよ。でもせっかく食べ物を手に入れても、帰りの列車などで取り締まりにぶつかると没収されてしまう。窓からしか出入りできない満員列車と、取り締まりは、悲しい思い出です」

今でも彼女は、インドの満員列車などの光景をテレビでみると、胸が疼《うず》くという。

相似た光景

クリスタ・ラドゥケの追憶話を聞きながら、私は奇妙な既視感に襲われた。似ている、あまりにも似ている。私たちが体験し、先輩世代から語り継がれた日本の戦中戦後体験とそっくりではないか、という思いだ。

例えば日本の学童疎開。大戦末期の一九四四年（昭和十九年）、「学童疎開促進要綱」、「帝都学童集団疎開実施要領」が閣議決定される。それに基づき、米軍の長距離大型爆撃機B29による本土爆撃に備え、国民学校初等科（現在の小学校）の三年生から六年生までの約五〇万人が、都市部から地方に疎開した。

公園がイモ畑と化したのも同じだ。食糧増産のため新宿御苑や国会前の空き地までがイモ畑となった。ドイツがジャガイモ、日本がサツマイモという違いはあるものの、そこで繰り広げられた光景は寸分、違わない。

終戦直後の買い出しもそうだ。ガダルカナルの激戦地から奇跡的に帰還した吉田嘉七は深い嘆きを込めてこう詠った。

初めて見たもの
米もないでしょう
金もないでしょう
あなたの背負うリュックサックも
生活の苦しみも重いでしょう
死にたいくらいなのでしょう
だけど
女が窓から汽車にのる

畑と化した国会議事堂前庭
1945年2月（提供・読売新聞社）

生きてゆくため、食うためには
人は何でも捨てるでしょう
復員列車にわり込んで
他人の足を踏むぐらい
そいつは何でもないでしょう
だけど
女が窓から汽車にのる
（後略）

（『定本ガダルカナル戦詩集』）

さて、イモ畑と化したティアガルテンだったが、一九五〇年から復興が始まる。何千本もの苗木がベルリン市民から寄贈され、公園の再生がはかられた。「ベルリンの壁」の時代、よみがえったティアガルテンは西ベルリン市民の最も重要なレクリエーション施設となるのである。

家業の本屋を手伝った後にラドゥケは結婚、ふたりの子どもにも恵まれた。一時本屋の仕事を辞めたが、一九七八年からはベルリン自由大学の図書館で働いた。

「本と深くかかわった人生でした。今は年金暮らしです。ジャガイモをどう思うかという質問ですか。ドイツの代表的食べ物ですね。ドイツ人の戦後の生活を支えてくれましたしね。戦中戦後にジャガイモを食べ過ぎて、嫌いにならなかったか、というお尋ねですか。そんなことはありません。今でもジャガイモは好きですよ。感謝もしています」

クラインガルテン（市民農園）の歴史

ドイツを列車旅行すると、線路わきなどに小区画の菜園が広がる光景によくぶつかる。「市民農園」「小菜園」などと日本語訳される「クラインガルテン」だ。「クライン（klein）」は小さい、「ガルテン（Garten）」は庭を意味するドイツ語である。

クラインガルテンは、土地を持たない都市市民を対象とした貸し農園である。貸し農園といってもとにかく広い。ドイツのクラインガルテン法では「非営利的な庭園利用、とくに自給的園芸生産物の取得および休養のための一区画四〇〇平方メートル以下の貸し農園」と定義されており、現在では一区画の平均は約三〇〇平方メートルだという。

ドイツの場合、クラインガルテン用地は原則、公有。そしてその管理は登録された協会に委《ゆだ》ねられている。このクラインガルテンこそが、産業革命下の労働者の生活を支え、ふたつの世界大戦の戦中戦後、人々の暮らしを守ったのだ。なぜ、こうした先進的なシステムが生まれたのだろうか。ドイツのクラインガルテンの歴史を、主に『市民農園』（津端修一ら編著）に拠りながらみていきたい。

クラインガルテンの嚆矢《こうし》は、一八三二年にライプチヒ市のゼーブルク博士が失業対策事業を兼ねて市民に開墾させた農園だといわれる。これを受けて、同市の医師だったシュレーバー博士が産業革命で悪化する都市環境から子どもの健康を守り、あわせて野菜などを栽培、自給できる都市空間を、と提唱、現在のクラインガルテンの基礎形態が生まれたといわれる。このためクラインガルテンは「シュレーバー・ガルテン」の愛称を持つ。

クラインガルテンが最初にその力を発揮したのがドイツの産業革命期にあたる一八三〇年代。貧しい工場労働者の救済のため、キール（一八三〇年）、ライプチヒ（一八三二年）、ベルリン（一八三三年）に市民農園が設けられ、そこで労働者たちは野菜などを自給、休養や憩いの場としても活用した。産業革命期の労働者の主食だったジャガイモが栽培の中心だった。

次の「都市成長期」（一八五〇～一九〇〇年）には、クラインガルテンは住宅難に悩む都市住民の生活防衛に力を貸す。一八五〇年から一九〇〇年までにドイツの都市人口は激増、ベルリンなどでは庭を切り捨てた賃貸の共同住宅が相次いでつくられていった。そんな庭のない市民たちがクラインガルテンを強く要望、生活組合組織も再編されていく。

さらに一八七〇年頃のベルリンでは、市内の未利用空地を市民たちが占拠、そこに住みついて暮らしはじめる。「コロニー」と呼ばれるクラインガルテンの発生だ。

一九一四年に始まる第一次世界大戦が、クラインガルテンを一気に広める。英国の食糧封鎖でドイツでは食糧不足が一気に進み、政府もクラインガルテン重視策を打ち出す。そして敗戦によって共和制をとることになった政府（ワイマール共和国）は一九一九年、「クラインガルテン法」を成立させた。それまではクラインガルテンの契約関係が不備なため、悪徳地主による不当な賃貸料の値上げなどで利用者は苦しめられていたが、同法は市民利用の保護をうたい、二五年という長期契約を保障するという画期的な内容だった。さらに第二次世界大戦が始まるとクラインガルテン市民は急増、一九三九年には登録九〇万世帯、未組織を入れると一五〇万台に達した。一九四〇年には全ドイツの食糧生産のうち、経営農家が五一パーセント、クラインガルテン市民が四七パーセントを担うまでになるのである。

その後、一九四四年には解約保護法で原則として解約は不可能となったため、地主の大部分が所有地を手放し、クラインガルテンの多くは市町村有となった。そしてその用地の管理は登録された協会に委ねられたのである。

一九四九年にはドイツは東西に分裂、クラインガルテンの区画数も減り、西ドイツでは一九七〇年代には四四万区画まで落ち込んだ。その後、高齢化成熟社会の社会政策の一環としてクラインガルテンの振興がはかられて見事に復活、二〇〇七年現在、全ドイツで約一〇〇万区画、面積は合計約四万六六〇〇ヘクタールに達するという（全ドイツ庭園愛好者連盟〔ＢＤＧ〕調べ）。

TOLLE KNOLLE!（素敵な根の塊）

「全ドイツ庭園愛好者連盟（BDG）のブレーメン支部が、ジャガイモに熱心に取り組んでいますよ」

そう教えられて、ベルリンから列車でブレーメンに向かった。車窓からは巨大風車の姿が目に飛び込んでくる。北ドイツの夏の風を受けて、ゆっくりと回る巨大風車。ドイツでは南部地方では太陽光発電、北部地方では風力発電を中心に自然エネルギーづくりに懸命で、二〇〇六年度末のドイツの風力発電の導入量は二〇六二万キロワット。二位のスペイン（一一六一万キロワット）を大きく引き離して世界のトップを走っている。太陽光発電量でもドイツは、一四二・九万キロワット（二〇〇五年）で、長年世界一を続けてきた日本を抜き、今や世界のトップ。そんなトップランナーの気迫が、車窓の風景からもビシビシと伝わってくる。

そして線路沿いに並ぶのがクラインガルテンだ。野菜畑を花壇が取り囲み、ヒマワリやバラなどが咲き誇っている。

かつてハンザ同盟の主要都市だった北ドイツの港町ブレーメンは、現在は人口約五四万四〇〇〇人。クラインガルテン市民（クラインガルテナー）は一万九〇〇〇人で、一区画は平均三〇〇平方メートルだという。支部の広報担当ハイデ・ヒュブナーが親切に案内してくれた。

ブレーメン郊外にある支部の建物は、二階建てで高い天井の瀟洒《しょうしゃ》なつくり。建物内には四四席のセミナー室、大きな調理室もあり、メンバーの経験交流や親睦《しんぼく》の場として活用されている。

また、ガルテンマイスターと呼ばれる専門家が、支部の農場を使ってクラインガルテナーに栽培技術などを指導している。ヒュブナーはじめ支部役員はボランティアだ。

「『TOLLE KNOLLE! 運動』ですか。これは、昨年（二〇〇六年）のクラインガルテンの全国祭りのときに、私たちの支部が打ち出したスローガンです。全国の祭りは『庭の日』と呼ばれ、毎年六月の第二日曜日に開かれます。そこで昨年、『TOLLE KNOLLE（素敵な根の塊＝ジャガイモ）』をいっそう普及させようと考え、一二種類のケーキをジャガイモでつくり、市民にふるまいました」

　とヒュブナー。

クラインガルテンで「素敵な根の塊」運動を進めるヒュブナー　ブレーメンで

　ドイツは今もジャガイモ王国である。ジャガイモの生産量は一三〇四万四〇〇〇トン（二〇〇四年）、一人あたり一年のジャガイモ消費量も七二・四キログラム（二〇〇三年）で、日本の消費量二三・八キログラムを三倍以上上回る。とくに北ドイツではジャガイモづくりが盛んだが、それでも今ではブレーメンでさえ「ジャガイモはスーパーマーケットにはえる」と思い込んでいる子どももいるという。

　これではいけないとブレーメン支部では三年

ブレーメンのクラインガルテン

前から、子どもたちが取り組むジャガイモのプロジェクトを始めた。「Lerngarten-Netzwerk（学びの庭ネットワーク）」と名づけたプロジェクトで、三歳から十四歳の子どもが対象。四月から十月までかけて、ジャガイモの植え付け、収穫、料理までを体験する。夏場には毎日二〇人ほどの子どもが、支部の農場にやってくるそうだ。

「今では全国に広がりました。最もうまくいったプロジェクトです。はじめ土を触るのも嫌がっていた子どもが、秋にはジャガイモにつけるクリームまでつくり、親をびっくりさせていますよ」（ヒュブナー）

彼女が支部農場近くの一般会員のクラインガルテンも案内してくれた。日本の軽井沢を思わせる林間を涼風が吹き抜け、樹間にクラインガルテンが広がる。現在、ブレーメンのクラインガルテンでは、「野菜類が三分の一、果樹と花が三分の一、農場内のラウベと呼ばれる作業用の小舎などが三分の一」と申し合わせているため、ジャガイモ、トマト、玉ネギ、キュウリなどの野菜畑に並んで、リンゴやブドウなどが実り、バラやダリア、ヒマワリなどが鮮やかな色を競い合っている。ラウベも、色とりどりでそれぞれにおしゃれなつくりだ。週末などに利用者が泊まることができるが、そこでの常住は許されていない。

ドイツは第一次、第二次大戦とも潜水艦（通称Uボート）による通商破壊作戦、泊地攻撃を大規模に展開した。そのUボートの発進基地だった港町ブレーメンは連合軍の激しい空襲を受け、市街の六〇パーセントが破壊されたという。

「戦中戦後は、クラインガルテンもほとんどがジャガイモ畑になったと聞いています」（ヒュブナー）

至福のとき

同市内に住む女医インゲ・ローデンが一夕、クラインガルテンでの食事に招待してくれた。ヴェーザー川のほとりにある彼女のクラインガルテンは約四〇〇平方メートル。ラウベは二〇平方メートルで、トイレ、キッチン、ベッドが備えられている。六年前から借りており、当初はジャガイモも育てたが、現在は時間がなく、花とハーブ類の栽培が中心。賃貸料は年間一四〇ユーロ（約二万二〇〇〇円）で、希望すれば終生、借り続けることができるのだという。

リンゴと黒ブドウがたわわに実を結び、バラとヒマワリが咲く庭で夕食までのひととき、ハンモックを吊って休憩した。北ドイツの夏空が高いことに改めて気づかされる。羊雲がゆっくりと流れ、小鳥のさえずりとヴェーザー川のせせらぎが耳に心地よい。都会の喧騒《けんそう》もここには届かない。

「一人娘も成人し、やっと自由な時間が持てるようになりました。ここで過ごす時間こそが至福のときです」

とローデンは目を細めた。麻酔医である彼女は、午前六時過ぎに自宅を出、ときには夜の一〇時頃まで勤務する。週末のクラインガルテンでの休息は、かけがえのない時間なのだろう。夕食には北の海でとれた魚にたっぷりとジャガイモが添えられていた。星空の下で、地元産のビール、ベックスとともに味わう夕食は、このうえなく豊かで美味だった。

隣のクラインガルテンでは誕生祝いの宴が催され、星空のもと、歌と踊りが夜更けまで続いていた。

食糧危機は来るか

「食糧危機」に話題が及んだ。ローデンは言った。

「来るでしょうね。その危機は迫っているのかもしれません。しかし人間は何かをできる、と信じます。そのとき私は、このクラインガルテンにジャガイモを植えるでしょう」

ドイツの食料自給率は九一パーセント（二〇〇二年）。日本は三九パーセント（二〇〇六年度）と、ついに四〇パーセントを割った。加えてドイツには、クラインガルテンというもうひとつの「食の安全装置」があるのだ。ちなみに日本の市民農園は一五万六七一八区画、延べ面積一〇七二ヘクタール（二〇〇六年三月末現在、農水省調べ）。一区画の平均は約六八平方メートルになる計算で、ドイツの一〇〇万区画、一区画平均三〇〇平方メートルには、残念ながらはるかに及ばない。

クラインガルテンに関してもうひとつ、感心させられたことがある。ドイツは移民国家で、トルコ、東欧などからの移民が国民の約一割を占める。そんな移民のために、クラインガルテンの約二〇パーセントが提供されているのだという。例えばリューネベルクの場合、人口七万人中二二〇〇人が会員で、総面積は一一六ヘクタール。その会員の約三分の一が外国人で、トルコ人が圧倒的に多い。そしてトルコ人の場合、栽培の中心はジャガイモで、彼らの生活を大きく助けている。ここではジャガイモは今も、「貧者のパン」の役割をしっかりと担っているようだ。

2　社会主義崩壊とジャガイモ――ロシアの場合

ダーチャとジャガイモ

モスクワ州ドゥブナ町はモスクワの北西約一六〇キロにある。モスクワからこの町に至る道の両側には、白樺林《しらかばばやし》が延々と続いていた。白樺の幹の白と、晩夏の濃い葉の緑とのコントラストが美しい。空はあくまで高く、風も爽《さわ》やかだ。首都モスクワを一歩離れれば、「母なるロシアの大地」の深い懐《ふところ》に抱かれることができるのだ。

ドゥブナの町には別荘組合「サットン協同組合」があり、ダーチャと呼ばれる別荘が数十区画ある。そのひとつ、リディア・ガダイチュクのダーチャを訪ねた。

「そう、あの頃はこのあたりもすべてのダーチャが、ジャガイモ畑となりましたよ」

とリディア・ガダイチュクは言う。

あの頃とは――。一九九二年、ロシア政府が社会主義経済から市場経済に切り替えた時期、その結果一年で物価が二六倍にも上がり、人々の暮らしを直撃した、あの時期のことだ。

市場化の荒波

ソ連邦が崩壊した直後の一九九二年一月二日、エリツィン大統領のロシア政府は価格自由化などを導入して市場経済化をはかるという経済の大改革を開始する。それはレーニンの社会主義革命（一九一七年十月）から七十余年続いた社会主義の完全放棄、資本主義への回帰という「もうひとつの革命」だった。

この改革を中心的に担ったのはエリツィン大統領のもとで第一副首相兼蔵相だったガイダルである。ガイダルら若手の改革チームは第一弾として次のような施策を打ち出したのだった（『ロシア市場経済の迷走』陸口潤編）。

まず、物財やサービス価格を自由化する。そして国家補助金や国防費を大幅に削減して、付加価値税、累進課税制度などを導入、財政均衡をはかる。さらに融資抑制や金利の引き上げで財政均衡をはかって通貨ルーヴルを交換可能にし、貿易規制の大幅緩和と中小企業を中心に民営化を促進、集団農場を解体して自営農を育成する。

だが、この筋書きは大きくはずれ、ロシア経済は迷走する。

物価問題一つをとっても、ソ連時代に政策的に国営価格をきわめて低く抑え込んでいたので、改革直前には潜在的インフレ圧力が高まっていた。価格自由化でこの重しが取り外されたのだから、暴騰するのは当然だった。財政再建、通貨安定、民営化をめぐっても改革チームの予測は次々と外れ、ロシア市場化はジグザグコース、混沌《こんとん》の道をたどる。

（『ロシア市場経済の迷走』）

『ソヴィエツカヤ・ロシア』紙が、平均日収でどれだけの食品が買えるかを調査した記事を載せたことがある（一九九二年一月二十八日）。それによると平均日収は一九九〇年十二月が九ルーヴル、九一年四月は一二ルーヴル、九二年一月は二六ルーヴル。そしてその日給で買える食品の量は、黒パンでは一九九〇年が七五キログラムだったのに、九一年には二四キログラム、さらに九二年には一八キログラムに激減した。ソーセージも九〇年の四キログラムに対し、九一年は一・七キログラム、九二年は〇・二キログラムとなった。

森を拓いて

この未曾有《みぞう》の危機をロシアの民はどう凌いだのだろうか。

リディア・ガダイチュクがダーチャの権利を手にしたのは一九九〇年。ソ連時代は、長年勤務した労働者には、職場の組合からその権利が与えられた。当時、彼女は建設関係の職場ですでに三〇年近く働いていたのだった。

だが、別荘予定地は深い森だった。各自がそれを切り拓《ひら》いて別荘にしなくてはならない。ガダイチュクは、同じときに権利を手にした約三〇〇人とともに、森の伐採に挑んだ。夫で軍人のミハイルが休みの日に樅、白樺、松などの木を切り、根を掘った。直径五〇センチもの巨木もあったという。ガダイチュクと娘のエレナのふたりが木の枝をはらい、整地した。

「森を拓く作業に一〇五時間以上従事しないと、別荘予地地は借りられなかったのです」(ガダイチュク)

一九九二年の市場化のときには、ガダイチュクのダーチャはすでに使用可能な状態だった。九二年五月、物価急騰に追い立てられたガダイチュク一家は大急ぎで、ダーチャの敷地いっぱいにジャガイモを植える。肥料も使わずに三〇〇キログラム収穫できた。同時にダーチャ内で鶏とウサギも飼った。ジャガイモは九三年、九四年には五〇〇キログラムの収穫となった。

「ダーチャがなかったら、そしてそこからのジャガイモの収穫がなかったら、物価が二十数倍にもなった九二年という年を、どう凌いだか想像もつきません」

と彼女は言うのである。

娘のエレナは二〇〇一年、デミトリー・アンドレフと結婚した。そのデミトリー・アンドレフ一家もまた、市場化の年、ダーチャに大きく助けられたという。

その頃デミトリー・アンドレフは、モスクワの自動車修理工場で働き、高給を手にしていたが、ドゥブナの町にいた実の両親は父が運転手で月収五〇〇ルーヴル、母がホテルで働き月収五〇〇ルーヴルで、物価高騰に悲鳴をあげていた。

「だから僕は、週末には必ずドゥブナの実家に帰り、両親のダーチャでジャガイモ、トマト、キュウリ、玉ネギ、ピーマンなどをつくったんだ。ジャガイモは五〇〇キロくらいとれたから一年分あったね。野菜類を含め、食べ物の半分はダーチャの作物で賄えた。両親は本当に喜んでくれた」

ダーチャの畑でジャガイモを収穫するアンドレフ（左）とガダイチュク　ドゥブナ町で

経済も、暮らしもそこそこ安定した今、ダーチャでのジャガイモ栽培はめっきり減った。

今はアンドレフ夫妻が担っているが、リディア・ガダイチュクのダーチャの管理は、ジャガイモ畑は畑地の一〇分の一。果樹や花、それに芝生が大きなスペースを取っている。

「芝生には西欧の暮らしの匂いがする。一度、そんなところに住んでみたかったんだ」

とアンドレフが少し照れた表情で言った。

夏の家

ダーチャは「夏の家」の意で、帝政時代からあったという。町を案内してくれたグリュニュクはなかなかの文学通で、

「チェーホフにも『ダーチャニキ（ダーチャに住んでいる人）』という作品があります」

と教えてくれた。

社会主義時代も、一九四〇年代の末頃からエリート官僚、軍人などがダーチャを持ちはじめ、五〇年代からは中間層にも及んだ。エリート層は広大なダーチャを持ったが、労働者のそれは六〇〇平方メートル程度。職場の組合などから労働者に権利が与えられるシステムだったが、市場経済化以後はそれぞれが購入しなくてはならなくなっている。

都市市民のざっと半分はダーチャを持っており、市場化のとき、ダーチャを持っていない市民は自宅の庭や空き地、河川敷などでジャガイモを育てたという。そのジャガイモと、ロシアの民の生活の知恵と伝統ともいえる街角での「物々交換」とで、未曾有の危機をやり過ごしたのだといわれる。

ヤシナ博士

イゾルダ・ヤシナ。農学博士で農業科学アカデミーに属する「全ロシアジャガイモ研究所」の部長だ。八十歳ながら今も現役。もっとも現在のロシアでは研究所には十分に予算が回らず薄給で、年金を受けながら働く年配の研究者が多いのだという。彼女は遺伝や品種の研究が専門だが、趣味でジャガイモの歴史も研究、『ロシアのジャガイモの歴史』の著作もある。モスクワ郊外の同研究所付属農園で話を聞いた。

――ロシアにジャガイモが入ってきた歴史をお教えください。

ヤシナ博士　モスクワ郊外の研究所の畑地で

「ジャガイモが入ってきた経路はひとつではない、という気がします。ピョートル大帝が外国から種イモを取り寄せたのはもちろん事実ですが、ロシアに寄港したイギリスの船員が持ってきたという説も、七年戦争の兵士が持ち帰ったという説も多分あたっているのだと思います。さまざまなルートがあったと考えるのが妥当でしょう。シベリアへの普及についても、デカブリストの乱の前に、すでにジャガイモはシベリアにあったという説もあります。もちろん、デカブリストたちが、ジャガイモの普及をはじめさまざまな分野で、シベリア民衆の暮らし向上に大きく貢献したことは疑いありませんが……」

——ロシアの歴史でジャガイモが果たした役割についてはどうでしょうか。

「元老院などがジャガイモ畑の拡大を命じる勅令を出しながら、ジャガイモを全土に広げていきます。ソヴィエトの時代には若者は農村に行き、ジャガイモの栽培を手伝っています。凶作の都度、ジャガイモは民衆の暮らしを救いました。第二次世界大戦のときも、ジャガイモが支えでした。このとき政府はモスクワ市民に対して、郊外に〇・二ヘクタールの土地を追加支給しています。そこに人々はジャガイモを植えました。また、ウラル地方のカルピンスクという町でも人々が、庭でジャガイモを育てたという文書の記録があります」

——二十一世紀のジャガイモについてはどうお考えですか。

「ソヴィエト時代には量だけが追求されました。ですから十分に育たないうちに収穫したりもしました。今は十分に熟したものを出荷しています。質の時代です。それから私たちの研究所では新しい品種の発見や普及も目指しています。インシュリンの成分を含んだジャガイモも開発中で、糖尿病患者には朗報となるはずです。また、茎や花は家畜の餌になり、イモは人間の食用になるという品種もみつけ、普及を目指しています」

インタビューの後、三種類のふかしたジャガイモをご馳走《ちそう》になった。いずれもこの農場で栽培、開発中のもので、ホクホク感などは抜群だった。

三種類のジャガイモとは――。

その一は「ダーリオンカ」。ロシアの代表的品種で、でんぷん価（ジャガイモのでんぷん含有量の、全重量に対する割合をパーセントで示したもの。ライマン価ともいう）は一六～一七。日本の男爵イモとそっくりの味わいである。

その二が「ブリャンスキー・ナジョーニー」。ブリャンスキー地方の安定した品種で、でんぷん価は三〇近いという。戦時中、中身を食べた後の皮だけで育てようとしたところ、芽を出した、という逸話がある。

そしてその三が「ジュコフの誕生日」。参謀本部長ジュコフの出生地に研究所があったため、そこで育てたこのジャガイモにそう命名した。でんぷん価は一四～一五。

研究室の一角に据えられたテーブルにこの三種のジャガイモと黒パン、オイル・サーディン、トマト、キュウリ、リンゴなどが並んだ。ウオツカ付きの、心のこもった昼食だった。

【コラム　アンネの日記】

『アンネの日記』は、世界で最も広く読まれた日記のひとつである。一九二九年、ドイツ・フランクフルトでユダヤ系ドイツ人実業家の家庭に生まれたアンネ・フランクは、ヒットラー政権の迫害を逃れてオランダのアムステルダムに移り住む。しかし、オランダもナチス・

ドイツに占領され、アンネ一家は父親の事務所の屋根裏部屋で、知人、家族らを含めた計八人で隠れ家生活を余儀なくされる。

そこでアンネは、十三歳の誕生日に貰った日記帳に、日々の思いを綴る。アンネは、豊かな感受性、目を見張るような深い洞察力、確かな筆力で隠れ家の生活を見つめ、苦しい暮らし、逮捕への不安、解放への祈りなどとともに、思春期の少女の恋やこころの揺れも描いている。

この日記には頻繁に、食糧、食事についての記述がみられる。そのなかでも、ジャガイモの登場が目を引く。日記のどこかにジャガイモの記述が見える日が約二〇日と群を抜いて多い。隠れ家生活を大きく支えたのがジャガイモだったことがうかがえる。

一九四二年六月十二日から日記は始まるが、この年はまだ食糧事情に比較的余裕がある。はじめてジャガイモが日記に出てくるのはこの年の九月二十七日だ（引用は深町真理子訳）。

食事のとき、わたしが嫌いな野菜をあまり食べず、かわりにジャガイモばかり食べていると、とくにおばさんのほうは、けっして黙っていません。子供をこんなに甘やかすなんて、見ちゃいられないというわけで、すぐさま、「さあアンネ、もっと野菜をたべなくちゃ」が始まります。「いいえ、もうけっこう。ジャガイモをうんと食べたから」わたしがそう断っても、「野菜は体にいいのよ。おかあさんもそうおっしゃるはずだわ。さあ、もうすこしおあがんなさい」と、無理に押しつけようとするので、そのうちパパが見かねて助け船を出してくれます。

しかし、「ジャガイモをうんと食べる」ことのできる暮らしは長くは続かない。翌一九四三年になると、空襲も始まる。

食糧事情も逼迫《ひっぱく》しています。朝食は、バターを塗らないぱさぱさの食パンとホウレンソウかレタス、それが二週間もつづいています。ジャガイモは長さ二十センチもあって、甘ったるい、腐ったような味がします。（四月二十七日）

最後の年一九四四年。連合軍の上陸作戦が近いとのラジオのニュースに、アンネたちは希望をふくらませる。しかしその一方で、食糧は底をつく。

ここではいま、バターや肉にいたるまで、食糧の大半は人数分ずつ分割されてるし、ジャガイモもそれぞれ別個に焼いて、別個に食べている、って。（一月十五日）

この年、一九四四年の六月には連合軍の上陸作戦が開始される。しかし、隠れ家には、逮捕の魔の手が迫る。日記の記述にも張り詰めた気配がますます色濃くなっていく。ジャガイモについても六月二十三日の次の記述が最後となる。

ジャガイモがほとんど入手できなくなりました。これからは、各自に何個と、数を数えて渡すことになるでしょう。

日記は一九四四年八月一日付けで終わる。その三日後、アンネたちはナチス・ドイツの秘密国家警察（ゲシュタポ）に連行される。一家はばらばらに収容所に送られ、アンネはベルゲン・ベルゼン女子収容所でチフスで死んだとみられている。死亡推定日は一九四五年の二月末か三月はじめ。その一ヵ月余後には、同収容所は英軍の手で解放される。わずか一五年余の短い生涯だったが、「私の望みは、死んでからもなお生きつづけること！」と日記に書いたアンネの望みはかなえられたといえよう。

【データ　世界のジャガイモ】

ジャガイモの世界の主要生産国と生産量をみてみよう。

生産量の一位は近年、躍進著しい中国で七〇〇四万八〇〇〇トン（二〇〇四年）。〝老舗《しにせ》〟のロシア（三五九一万四〇〇〇トン）が第二位。これにインド（二五〇〇万トン）、ウクライナ

ジャガイモの国別1人あたり年間消費量　（単位：kg）

1	ベラルーシ	173.0
2	キルギスタン	140.6
3	ウクライナ	140.3
4	ラトビア	139.8
5	ポーランド	130.1
6	ロシア	125.6
7	ポルトガル	124.7
8	イギリス	120.8
9	エストニア	120.7
10	アイルランド	119.7
17	オランダ	86.5
19	スペイン	78.6
20	ペルー	72.1
21	ドイツ	72.1
22	ニュージーランド	70.2
24	フランス	64.8
25	アメリカ	63.7
26	北朝鮮	60.7
28	ボリビア	55.8
36	イタリア	40.9
38	中国	35.2
42	日本	22.3
43	インド	17.3
44	メキシコ	17.2
46	韓国	9.1
	世界平均	32.9

2003年。順位は調査46か国中のもの
（FAOSTAT）

ジャガイモの国別生産量　（単位：1000トン）

1	中国	70048
2	ロシア	35914
3	インド	25000
4	ウクライナ	20755
5	アメリカ	20681
6	ポーランド	13746
7	ドイツ	13044
8	ベラルーシ	9902
9	オランダ	7488
10	フランス	7254
11	イギリス	6000
17	ペルー	2996
20	日本	2839
23	イタリア	1809

2004年。順位は調査26か国中のもの
（FAOSTAT 14 July 2005）

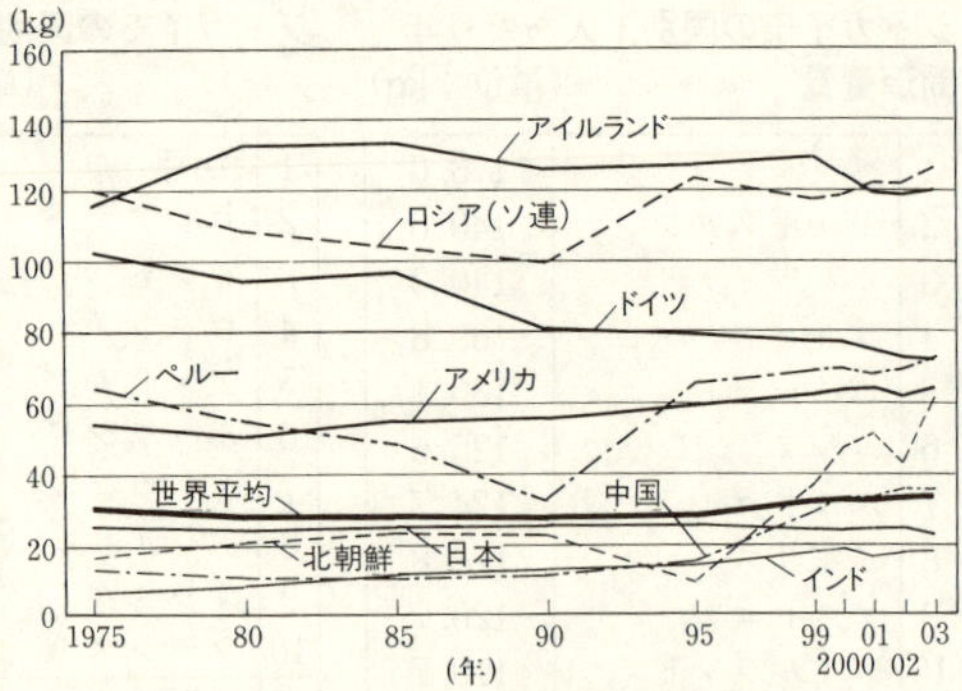

世界の1人あたりジャガイモ消費量の推移
(FAOSTAT)

（二〇七五万五〇〇〇トン）、アメリカ（二〇六八万一〇〇〇トン）などが続いている。

また、世界におけるジャガイモの一人あたり一年の消費量（二〇〇三年）ではベラルーシが一七三・〇キログラムで最も多く、これにキルギスタン（一四〇・六キログラム）、ウクライナ（一四〇・三キログラム）、ラトビア（一三九・八キログラム）が迫っている。

ちなみに日本は二二・三キログラムで、世界平均の三二・九キログラムを下回っている。

第八章　日本におけるジャガイモ

1　ジャガイモ上陸の地——九州

愛野馬鈴薯支場

長崎県総合農林試験場愛野《あいの》馬鈴薯支場（雲仙《うんぜん》市愛野町）は、雲仙岳を背にして橘湾《たちばなわん》を見下ろす標高六〇メートルの高台にある。総面積四万五五七〇平方メートル。うち約四万二〇〇〇平方メートルを占める広大な畑地（試験圃場《ほじよう》）は、私が訪れた十一月下旬、秋作ジャガイモの収穫の最盛期で、近所の主婦らの手を借りて、丸々と育ったジャガイモが掘り出され、土を落とされていた。

あまり知られていないのだが、長崎県は北海道に次ぐジャガイモの生産県である。とりわけ秋作（秋ジャガ）は、その約半分が長崎県産だ。

長崎とジャガイモとの縁は古く、深い。一六〇〇年頃、オランダ船によって、ジャワ（現在のインドネシア）のジャカルタから長崎港に輸入された爪哇《ジャワ》芋が日本にジャガイモが登場した最初で、「ジャカルタの古名がジャカトラだったため、ジャカトライモ（ジャガトライモ）と呼ばれ、そこから転じてジャガイモの名がついた」というのが定説である。長崎県の「爪哇芋（馬鈴薯）渡来三百五十年記念事業」趣意書（一九四八年）には次のように記されている。

日本に於《おい》て最初に爪哇芋を栽培したのは、我が長崎県でありまして、今より三百五十年の昔慶長三年（西暦一五九八年）に、オランダ船によつて、爪哇から長崎港に輸入されてからであります。

当時の長崎奉行は寺澤志摩守《てらざわしまのかみ》でありましたが、実際栽培にあたつた人の名は残念乍《なが》ら明らかでありません。（中略）其の後東北、関東地方も冷涼な気候と、為政者の奨励と相まつて漸次《ぜんじ》盛になりましたが、何《いず》れも長崎県から拡がつたものでありまして、一般に「じやがいも」と云《い》うのは爪哇芋の訛《なまり》であります。天保の大飢饉（一八三三〜三六年）ではこの薯《いも》のお蔭で餓死を免れたものが諸国に多かつたので「御助薯」と呼ばれ、又五升薯八升薯五斗薯或《あるい》は十石薯の別名もあります。戦前長崎県は本邦一のジヤワ薯輸出県で、玉葱《たまねぎ》と共に中国、大韓民国、フイリツピン、香港、馬来《マレー》半島、ジヤワ方面にまで送られ、西洋料理用油物用として其の名声を博したものであります。

さらに、『長崎県史』（一九七六年）によれば、一八七三年（明治六年）にはすでに、二四〇〇斤（一斤は六〇〇グラム）が輸出されていたという。しかし明治二十年代までの長崎県下の需要は長崎市の居留外国人および外国船舶等を中心としたもので、一般の消費は少なく、生産も長崎市周辺の西彼杵《にしそのぎ》郡の一部に限定されていたようだ。

輸出が急速に伸びるのは明治三十年代の前半から。当時、マニラ駐在米軍の食糧として現地買い付けが長崎で行われたのを契機に、香港、ウラジオストク、中国、朝鮮などへの輸出も増加、明治四十年代には全国の輸出ジャガイモの約四割が長崎港から積み出されるようになったという。

苦闘の歴史

もちろん苦闘の歴史もあった。

ジャガイモは南米アンデスの標高三〇〇〇〜四〇〇〇メートルの高地を原産地とする寒冷作物で、生育適温は一〇〜二三度とされている。それを暖地長崎で栽培するには品種改良や病害虫対策が不可欠だった。その難題に果敢に挑戦したのが長崎県総合農林試験場愛野馬鈴薯支場である。

一九五〇年（昭和二十五年）、暖地向け馬鈴薯品種育成のため、広島県安芸津町《あきつちょう》（現東広島

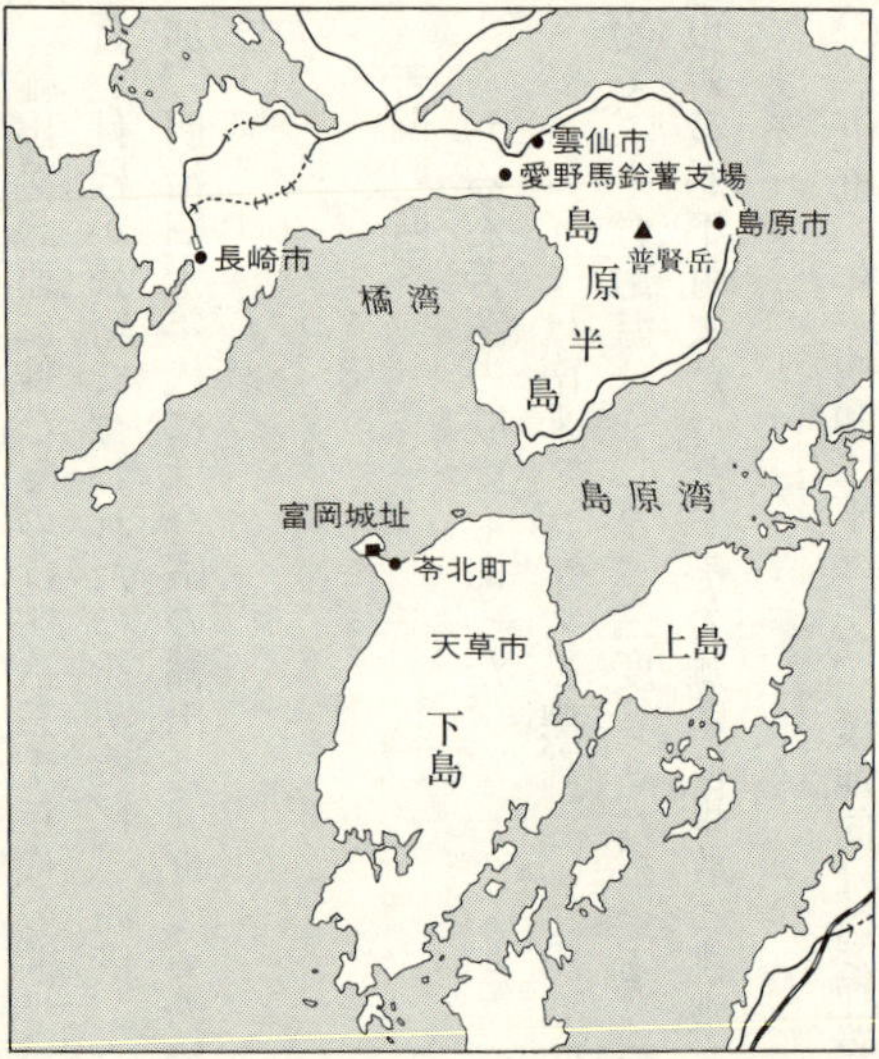

市）に設立されていた試験地が長崎県愛野町の現在地に移転、翌一九五一年（昭和二十六年）には長崎県農業試験場愛野試験地となり、一九七一年（昭和四十六年）に機構改革で、現在の名称「長崎県総合農林試験場愛野馬鈴薯支場」となった、というのが略史である。

支場は暖地向けで二期作の可能な品種づくりを目指した。それが実現すれば、山すその段々畑や瘠せ地で、細々とサツマイモやソバの栽培を続ける九州地方の農家の生活改善が大きく進むはず。そんな夢を乗せての挑戦だった。

品種改良には気の遠くなるような時間と根気がいる。開花時期の問題もそのひとつだ。ジャガイモには早生《わせ》と晩生《おくて》とがあるが、花の咲く時期が異なるため、そのままでは交配ができない。早生の開花を可能な限り引っ張る。電気で照らし、二階の高さ、五メートルくらいまで成長させる。その一方で晩生を精一杯、早咲きさせる。

そうして生まれる新しい種子が一年に五万個。種子は五〇万個播いて、新しい品種がひとつ見つかるのがやっとだというから、新しい品種の発見に一〇年はかかる計算だ。
同時にジャガイモは、暖地では病気にも弱い。病気に強い品種の育成も欠かせないのだ。愛野支場ではこれまでに、次の一二品種が育成された。

ウンゼン（一九五五年）
タチバナ（一九五五年）
シマバラ（一九六〇年）
チヂワ（一九六二年）
デジマ（一九七一年）
セトユタカ（一九七七年）
ニシアカリ（一九七八年）
メイホウ（一九八六年）
アイノアカ（一九九四年）
普賢丸《ふげんまる》（一九九七年）
春あかり（二〇〇二年）
アイユタカ（二〇〇三年）

どの品種も血のにじむような努力の末に生まれたものだ。「デジマ」は長崎の出島にちなんだ名で、食感と香りが抜群。「新ジャガを味噌汁に入れると、匂いが香り立つ」という。その子どもにあたる「ニシユタカ」は風に強く、栽培しやすいのが特長だ。「アイユタカ」は人間の病気にたとえればコレラよりも怖いと恐れられる「ジャガイモシストセンチュウ」にも強い。

「同じ品種を一年に二回つくれるのは、世界でもここだけ」

と支場長の小村国則。そして、

「新しい品種が見つかっても、また新しい病気が出てくるのです」

と付け加えた。「終わりなき戦い」だという。

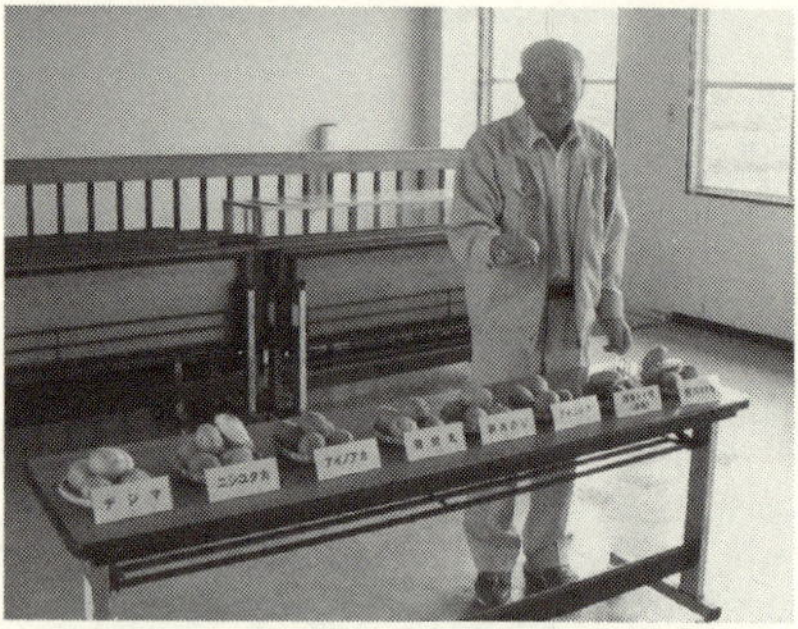

小村国則・愛野馬鈴薯支場長と品種改良されたジャガイモ　同支場で

同支場で開発された暖地向けジャガイモの栽培は、今では北は千葉県、南は沖縄県にまで広がった。中国、韓国、インドネシアなど国外からの見学者も続いている。

日本におけるジャガイモの最大の産地北海道は、寒冷地のため、一期作である。秋作は長崎の独壇場となり、農家の暮らしも大幅に向上した。米の二〜三倍の粗収入をあげる農家もあったという。

支場長小村は長年、ジャガイモに取り組み続けた人物である。小柄で温顔。「ジャガイモを語るのにこれ以上ふさわしい人物はいない」と思わせるような雰囲気をたたえている。

一九四六年（昭和二十一年）、長崎県島原半島の有家町《ありえちょう》（現南島原市有家町）に生まれた。兄弟姉妹は五人で、小村は次男。家ではタバコ、サツマイモを栽培していた。

「子どもの頃の食事はサツマイモと粟《あわ》。その後、サツマイモと麦になりますが、米は貴重品で、客が来たときしか出ませんでした」（小村）

外国へ行って牛を飼うのが夢だったという小村は、アルバイトを重ねながら兵庫農科大学を卒業。ジャガイモと牛について学んだ小村だったが、結局、海外雄飛を諦《あきら》め、一九六九年（昭和四十四年）に、農業関係技術員として長崎県庁に入庁、対馬《つしま》農業試験場、西彼《せいひ》農業改良普及所を経て一九七四年（昭和四十九年）に愛野支場に赴任した。若かった小村は寝る間も惜しんでジャガイモの品種改良に取り組み、「セトユタカ」「ニシアカリ」「メイホウ」「アイノアカ」「普賢丸」という五つの品種改良にかかわる。そうした功績で、二〇〇六年（平成十八年）には文部科学大臣賞を受賞している。

持っていきなっせ

ジャガイモの春作栽培は、橘湾を挟んで対岸にある熊本県の天草《あまくさ》諸島にも広がっている。天草諸島は、上《かみ》島、下《しも》島などからなり、キリシタン一揆「天草の乱」で知られる。一六三七年（寛永《かんえい》十四年）の晩秋、領主寺沢堅高《かたたか》（寺沢志摩守広高《ひろたか》の次男）の苛斂誅求を極めた年貢の取り立てに天草農民（その多くはキリシタンでもあった）が蜂起、下島の北西角にある富岡《とみおか》城を攻めた。海を挟んで島原、天草の農民が相呼応して決起したこの一揆は「島原の乱」とも、「天草の乱」とも呼ばれる。天草の一揆軍は時の富岡城代三宅藤兵衛《みやけとうべえ》を戦死させるが、城を落とすことはできなかった。

その富岡城跡近く、天草郡苓北町《れいほくまち》を歩いていて、笹田貢に出会った。よく手入れされた山すその段々畑にはレタスや大根が青々と葉を茂らせ、苛烈な歴史の舞台だったとは信じられないような、静かなたたずまいだ。その地で笹田は、ジャガイモや玉ネギを栽培している。

「一〇年ほど前に、愛野支場の人たちがわざわざ島に来て、ジャガイモ栽培を指導してくれた。それまではサツマイモだったが、ジャガイモの場合は年二回収穫できる。とくに春ジャガはいい値がつく。助かっている」

と笹田はうれしそうに語る。

九人兄弟だった笹田の小、中学時代の昼食は決まってサツマイモ。それに港に行くと貰えたイワシを添えて食べたという。

「確かにカライモ（サツマイモ）の島だった。イモとイワシで大きくなった」（笹田）

別れ際、笹田が言った。

「持っていきなっせ」

断るいとまも与えず、畑のジャガイモを掘り、袋に詰める。さらに、サツマイモまでを加えて、有無を言わさず初対面の私に手渡すのだ。

思えば、北海道佐呂間の開拓村では、カボチャを土産にいただいた。このときも初対面の相手からだった。日本列島の北と南の果てで、底抜けの親切と染み入るような笑顔に接したのに私はいまだ、それに応《こた》える術《すべ》を見つけられないでいる。


【コラム　原原種と種イモ（原種）】

ジャガイモの弱点は病気に弱いことだ。ウイルスによる葉巻病やYモザイク病、菌類や細菌が原因のジャガイモ疫病、軟腐病、さらには虫が引き起こすジャガイモシストセンチュウなどが難敵だ。アイルランドのジャガイモ飢饉を引き起こしたのがジャガイモ疫病、人間の病気にたとえれば「コレラより恐ろしい」といわれるのがジャガイモシストセンチュウである。

ジャガイモの栽培は、種イモを地中に植え付けることから始まる。万一、種イモがウイルスや病害虫に侵されていれば、収穫されるジャガイモは全滅となる。このためわが国では指定種苗制度に基づき、種イモの生産と流通は、独立行政法人種苗管理センターによって、厳重に管理されている。

種イモの元になるのが原原種。「元だね」とも呼ばれるこの原原種がジャガイモ生産の出発点だから、管理は厳格をきわめる。人里離れた、種苗管理センターの八つの農場でだけ隔離栽培される。それが特定の原種農家で増殖され、採種農家におろされるほか、余裕のあるときは種イモとして一般農家にも出荷される。採種農家で増殖されたものはすべて種イモとして一般農家に出荷される仕組みだ。

原種農家、採種農家が増殖したイモも、植物防疫官の厳しい検査を受ける。合格したイモだけが、「種馬鈴しょ検査合格証」が添付され、種イモとして販売できることになるのだ。

合格した種イモで一般農家はジャガイモ栽培を行うのだが、そこでできたイモを次のシーズンの種イモにすることは、「同一県内で自家栽培に利用する」場合のみ、検査なしで許される。他県向けなどのケースでは植物防疫官による厳しい検査を受けなくてはならない。現在、他県への移出用種イモを生産しているのは、北海道、青森県、長野県、広島県、長崎県など八つの道県のみである。

さて、種イモの作付けだが、大粒の種イモの場合は重さ五〇グラム程度に切る。昔は切り口に灰を付けたが、現在では「腐敗などマイナスが大きい」とされている。小粒の種イモの場合は切断せずにそのまま植え付ける。

栽培には比較的手間ひまがかからない。北海道などでは「麦―ジャガイモ―トウモロコシ―てん菜―マメ類」といった輪作体系が組まれている。

ジャガイモ栽培はアマチュアでも十分可能で、プランターなどを使ってマンションのベランダなどでも楽しめる。水のやり過ぎには注意したい。

2　天に一番近い畑はジャガイモ畑だった——長野

ニドイモの里

「ニドイモ」という言葉の響きに魅せられて、長野県の下栗《しもぐり》地区を訪ねた。「二度イモ」とも書く。一年間に二度、栽培できるところから付いた名前である。

下栗地区の現在の正式地名は飯田市上村《かみむら》下栗だが、二〇〇五年（平成十七年）九月末までは下伊那《しもいな》郡上村下栗だった。標高八〇〇メートルから一一〇〇メートルの山の急峻《きゅうしゅん》な斜面に人家と畑がはりつき、「天に一番近い畑」といわれたものだ。その「天に一番近い畑」で栽培されているのが、「ニドイモ」と呼ばれるこのジャガイモである。

下栗部落は鎌倉時代の落ち武者の里として始まった、という伝承があるが、文字に記された記録はない。同様にニドイモがいつ、栽培されはじめたかの記録もないのだが、下栗里の会の野牧知利は、「信州大学の先生たちが調べてくれましたが、江戸時代にヨーロッパ経由でわが国に入った在来種だそうです。形は違いますが、遺伝子的にはメークインに近いとのことで、現在、全国でつくられている、アメリカから入り北海道経由で広がったジャガイモとは別系統のようです」

と言う。

　少々ややこしいのだが、かつては在来種のニドイモには、「赤イモ」と「白イモ」とのふたつがあった。ところが赤イモは昭和三十年代前半に完全に消えた。このため、野牧知利のおじで、当時青年団長として活躍していた野牧源吾が、「多収の品種を」と一九四七年（昭和二十二年）に、北海道からアーリローズを導入、村に広めたのだという。現在下栗には「赤イモ」と「白イモ」とが混在するが、「赤イモ」はニドイモではない、ということになる。

ニドイモの里・下栗の集落（提供・飯田市上村自治振興センター）

　さて、「下栗の里」とはどんなところか。同地区が作成したパンフレットにこうあった。
　遠山《とおやま》川をはるかに見下ろし、眼前には南アルプスの聖岳《ひじりだけ》などの大パノラマが広がる。細かな石を積んだ石垣、急斜面の狭い土地を耕した畑が尾根筋まで続き、まさに「耕して天に至る」の光景がひろがります。

この下栗集落に現在住んでいるのは五十余世帯一四〇人ほど。ほぼ全世帯でニドイモを栽培している。三月末が春作の植え付け時期だ。胡桃沢三枝子の畑で、その作業を見せてもらった。畑の傾斜は二〇度ほど。これでも傾斜の角度はゆるいほうで、なかには四〇度近い傾斜の畑もある。

胡桃沢がこの日、植え付けたのは白イモの種イモ。土を五センチほど掘り、約三〇センチ間隔で種イモと肥料を置き、その上に土を盛る。

イモ畑を耕して天に至る　下栗集落で

忘れてならないのは、作業は斜面の下から上へと進めること。上から始めたのでは土がどんどん、谷間に落下していってしまうからだ。

この春植えの収穫は六月末か七月はじめだが、これがまた、厳しい作業だ。急斜面の畑では農機は使えず、すべてが手作業となる。胡桃沢は、

「私のところは畑が分散して五ヵ所ある。一・五トンほどとれます。腰の痛くなる作業です」

と言う。

ニドイモはおいしい。大きいものでも長さ五～

六センチと小粒だが、でんぷん価が抜群だ。信州大学の調査ではニドイモのでんぷん価は一六・〇で男爵イモの一四前後を上回る。だから、ホクホク感を十分に楽しめるし、煮崩れもしない。焼いて自家製の味噌をつけて田楽で味わうのもいいし、醤油《しょうゆ》、砂糖、油でかっちりと煮るのもいい。イモ餅《もち》にもなる。高冷地で水はけがよすぎるほどというこの地の畑の条件が、おいしいニドイモを育ててくれるのだという。サトイモもサツマイモも下栗で栽培しても思わしくない。逆にこの下栗のジャガイモの種イモを青森県で栽培したところ、こぶし大になってしまい、水っぽくて食べられたものではなかったという。

『南信州・上村 遠山谷の民俗』（長野県下伊那郡上村民俗誌刊行会編）にも、こんな記述がある。

明治一九年下栗で生まれた上町《かみまち》の岡井たつえさんは、上町（注・下栗よりはるか低地にある）のイモより下栗のイモの方が味が良い、と生前話してくれたが、上町では種イモとして下栗から取寄せている。下栗でも本村のものより半場《はんば》（注・標高一〇〇〇メートル近い）のものの方がさらに味がいい。下栗の種イモを上町で作っても、下栗で出来たイモより味が落ちると話してくれた。

さて、その名前の通りに、下栗では年二回の植え付け、収穫は行われているのか。胡桃沢が申し訳なさそうに言った。

「戦後数年間は夏植えもやっていたが、今は春植え一作だけです」

ではこの下栗地区の生活で、ジャガイモはどんな役割を担ったのであろうか。

現在もそうだが、以前はさらに山里の労働は厳しかった。朝早くからとっぷりと日が暮れるまで、男も女も畑で働いた。そのため下栗地区ではその頃は一日の食事が四回だった。

①朝飯

②昼飯（午前一〇時頃）

③ニハチ（午後二時）

④夕食

同地区の主婦、熊谷さくのは言う。

「とっぷりと日が暮れるまで、畑で働きましたから、お腹も空きました。四度の食事のすべてに、ニドイモが出ましたね。ニハチはイモだけのことも多かった。手間をかけずに調理できるということもあって、欠かせない食品で、下栗はジャガイモに支えられてやってこられたのだと思います」

下栗では米は栽培できないが、それ以外はほとんど何でもつくったという。麦、ソバ、粟、キビ、豆類、こんにゃく、イモ……。米は町から買ってきたが、米にイモを混ぜる、麦とイモとを炊くといった食生活は近年まで続いたという。

秘境ブームである。下栗を訪れる人が増えるにつれ、ニドイモへの関心、人気も近年うなぎ登りだ。新聞や雑誌などのメディアでの紹介も目立つ。

野牧知利はこんな抱負を語る。

「今は低地の直売場や無人のスタンドなどで売っていますが、近い将来はインターネットでの販売にも取り組みたい。去年、徳島県東祖谷《ひがしいや》に視察に行きましたが、そこは下栗と同系統の小ぶりのイモで、高値で全国に売られていました。平家の落人《おちうど》部落の歴史に重ね、赤いイモと白いイモを組み合わせ、『源平イモ』と名づけて売るという工夫もしていました。私たちもそうした売り方の工夫をしていきたい」

ジャガイモの呼び名

ニドイモはじめ、ジャガイモにはさまざまな呼び名、別名がある。それを収集した労作が『日本の方言地図』(徳川宗賢)である。主に同書に拠りながら、さまざまな呼び名をみていきたい。

まず、ジャガイモ、ジャイモ、ジャガライモ、ジャガタイモ、ジャガタロ、ジャガタ、ジャカタ、ジャガタライモという語形がある。ジャガイモが十六世紀、ジャカトラ(現在のジャカルタの古名)から長崎に渡来したことにちなむ。

このうち、関東、中部ではジャガタライモと呼ばれることが多い。ジャガイモという呼び名は最も一般的で、ほとんど全国に分布する。九州地方もこの呼び方をする地方が多い。

単にイモとだけ言う地域もあり、これは北海道など北に多い。

バレーショ、バレンショ、バレーチョ、バレージョの語形は、馬鈴薯の字音からきたもので、馬鈴薯は馬が首につける鈴に形が似ていることからきた名だともいわれる。この語形は隠岐《おき》や九州北部でやや分布が密になっている。

その他、収穫の仕方、かかわった人名やゆかりの地名からくる呼び名グループもある。収穫に関してはニドイモが代表例。二期作を指し、関東以西に多い。東北地方にもこの呼び名があるが、これは、二期作地帯から種イモがもたらされたためで、実際の作柄が二期作だったわけではない。

同様に、収穫量が多いというところから「ゴトイモ」「ゴショーイモ」などの呼び名もある。それぞれ「五斗芋」「五升芋」の意であろう。

人名に関してはセーダイイモが代表例だ。甲州の代官で十七世紀末にジャガイモの普及に力を注いだ中井清太夫にちなむ。中部、関東に多い。

地名に関しては、「ゴーシューイモ（江州芋）」「シナノイモ（信濃芋）」などがある。

アップラ（イモ）、アンプラ、カンプラという聞きなれない語形がある。これはジャガイモを意味するオランダ語「aardappel（アールド・アッペル）」からきたものと考えられる。

さまざまな名前で各地に広がったジャガイモ。それぞれの地方で民衆を助け、励ましたに違いない。一例を挙げると、『日本の方言地図』には登場しないが、「善太芋《ぜんたいも》」「お助け芋」という呼び名がある。

幸田善太夫《こうだぜんだゆう》は一七四五年（延享《えんきょう》二年）七月、飛騨《ひだ》代官に任ぜられる。そして一七四八年（寛《かん》延《えん》元年）、信州から馬鈴薯の種イモを移入して試作させ、飛騨地方にジャガイモ栽培を広めた。『岐阜県史』は、

> そしてこれが天保飢饉のときに大いに役立ち、善太芋・お助け芋とも称されるに至った。

と書いている。天保の飢饉とは一八三三〜三六年（天保四〜七年）に起こった大飢饉で、享《きょう》保《ほう》、天明《てんめい》と並ぶ江戸三大飢饉のひとつ。各地が冷害に見舞われ、餓死者が続出、米価の値下げを求める一揆や打ちこわしも各地で起こっている。一八三七年（天保八年）には大塩平八郎《おおしおへいはちろう》の乱も起こり、天保の改革の契機となった。

なお、幸田代官はその治政のすべてを植林に打ち込み、村人に苗木を給付、山林をよみがえらせた。彼の遺骸《いがい》は、高山《たかやま》の松泰寺《しょうたいじ》に葬られている。

3 「サムサノナツ」とジャガイモ——東北

辺地教師・西塔幸子

灯を消せば山の匂のしるくしてはろけくも吾《われ》は来つるものかな　　西塔幸子

岩手県盛岡市から山田線の快速で一時間三五分ほど、普通列車だと約二時間かかって陸中川井《りくちゅうかわい》駅に着く。四方から山が迫る山峡《やまかい》の村、下閉伊《しもへい》郡川井村。「灯を消せば……」の歌碑は西塔《さいとう》幸子《こうこ》の最後の赴任地となったこの村の江繋《えつなぎ》小学校（当時は小国《おぐに》村江繋尋常小学校）跡地に建っていた。人の背丈を超えるほどの玄武岩の歌碑に、一月末の寒風が容赦なく吹きつける。風に粉雪が混じる。歌碑のわきには、村が建物を提供、教え子ら有志が運営する西塔幸子記念館があるが、冬場は訪れる人はほとんどいない。

冬枯れの田や畑が広がる山峡の村の夕暮れは早い。灰色の空の厚さが刻一刻と増していくようだ。案内してくれた江繋公民館の尻石

エイが、
「当時の江繋小校舎の腐朽荒廃が激しく、西塔幸子さんが亡くなった翌年には、その校舎の一部が吹雪で倒壊しています。『はろけくも……』の歌には、そんな老朽校舎を目にした彼女の切ない思いも投影されているかもしれませんね」
と言った。

西塔幸子は一九〇〇年（明治三十三年）六月三十日、岩手県紫波《しわ》郡不動《ふどう》村（現矢巾町《やはばちょう》）に生まれた。父は小学校教師で辺地教育にその一生を捧げた人物、母もまた小学校教師だった。幸子も迷うことなく教師となり、北上《きたかみ》山地の山峡に点在する小さな小学校を転々とする。

一九一五年（大正四年）、十六歳で九戸《くのへ》郡軽米《かるまい》村尋常高等小学校高等科を卒業した幸子は、岩手県師範学校女子部本科に入学し、一九一九年（大正八年）に同本科を卒業して九戸郡久慈《くじ》尋常高等小学校（現久慈市）に訓導として赴任する。

一九二〇年（大正九年）、二十一歳の年に西塔庄太郎と結婚するが、教員生活を続け、九戸郡中野《なかの》尋常高等小学校（現洋野町《ひろのちょう》）、下閉伊郡磯鶏《そけい》尋常高等小学校（現宮古市《みやこ》）、同郡山田《やまだ》尋常高等小学校（現山田町）などを経て、一九二七年（昭和二年）には下閉伊郡二升石《にしょういし》尋常高等小学校（現岩泉町《いわいずみちょう》）へ転任した。一片の辞令で、港町の山田尋常高等小学校から山深い二升石尋常高等小学校への赴任。北上山地の渓谷をたどる道は難渋を極めた。なかでも雄鹿戸《おしかと》（押角《おしかど》）峠は難所中の難所で、馬車は登れず、荷物を馬の背中に付け替え、雪をかき分けて峠を越えたという。

幸子はこんな歌を詠んでいる。

九十九《つづら》折る山路を越えて乗る馬のゆきなづみつつ日は暮れにけり

その後も辺地勤務が続き、一九三一年（昭和六年）下閉伊郡田野畑《たのはた》村沼袋《ぬまぶくろ》尋常小学校に、一九三四年（昭和九年）には同郡小国村江繋尋常小学校に転任した。そして一九三六年（昭和十一年）六月二十二日、脚気《かっけ》、糖尿病に肺炎を併発して三十七歳の若さで、七人の児女を残して逝く。死の直前まで、酒に溺《おぼ》れる夫を支え、教壇に立ち、子らを思う数多くの歌を詠み続けた幸子だった。

西塔幸子

そして一九三七年（昭和十二年）、遺族や有志の手で、遺稿歌集『山峡』が出版されたのだった。「山峡の歌人」「おんな石川啄木《いしかわたくぼく》」とも呼ばれた彼女の歌に重ねながら、昭和初年の東北の凶作のさま、そしてそこにジャガイモがどうかかわるのかをみていきたい。欠食《けっしょく》児童や子どもたちの身売りなどを詠った西塔幸子の歌は哀切を極める。

襲いかかる飢え

一九三一年（昭和六年）、そして三四年（昭和九年）、東北地方を連続して凶作、大凶作が襲った。東北地方は江戸時代からの飢饉の常襲地帯である。

南部・盛岡藩を例にとると、江戸時代に大小あわせて九四回、すなわち三〜四年に一度の割で凶作に襲われ、その中《うち》、飢饉に至ったのは、一七回、実に一六年に一度は飢饉に苦しむ歴史をくり返している。

（『岩手百科事典』岩手放送編）

一九三一年の場合は、生糸の大暴落や金融恐慌に、凶作が追い打ちをかけたのだった。生糸は当時、日本の最大の輸出品だったが、その原料の繭《まゆ》が世界恐慌のあおりで前年の半値以下の大暴落となり、米価も半値近くまで落ち込んだ。全国の五六〇万農家、とりわけ東北の農山村は疲弊のどん底に喘《あえ》いだ。

満州（中国東北部）に出征していた青森の歩兵第五連隊の農民兵士が、実の父親から、

お前は必ず死んで帰れ。生きて帰るようなことがあっては承知しない。（中略）うちではお前が死んだあとで、お国からさがる金が必要なのだ。

という手紙を受け取ったのもこの年だ。

一九三四年はさらなる大凶作だった。七月に入ると気候は変わり、にわかに気温が下がる。凶作の原因となる三陸沖から内陸に向けての北東気流、「ヤマセ」が吹き込んだのである。

一九三七年（昭和十二年）に岩手県が編んだ『昭和九年　岩手県凶作誌』は、「総記」のほかに、作物別の被害状況、市町村別の被害状況を調べ上げた貴重な凶作の記録だ。

同書によれば一九三四年七月の天候は、一日から雨ばかりが続いた。晴れはわずか五日間だった（表）。

表　1934年７月の岩手県の天候

1日	雨	11日	雨	21日	雨
2日	雨	12日	雨	22日	雨
3日	晴	13日	微雨	23日	雨
4日	微雨	14日	雨	24日	雨
5日	晴	15日	微雨	25日	雨
6日	晴	16日	雨	26日	晴
7日	微雨	17日	雨	27日	雨
8日	雨	18日	雨	28日	雨
9日	雨	19日	雨	29日	雨
10日	雨	20日	微雨	30日	晴
				31日	雨

これでは稲も育たない。分《ぶん》けつ（枝わかれ）―開花―成熟の、最も大切な七月からの三ヵ月間が、この絶望的な気候だったのである。

『昭和九年　岩手県凶作誌』は、こう記述を続ける。

　七月中旬に入ると共に北方より襲来せる冷気流は、南海上に滞留せる暖気流と抗争して豪雨を醸成し、且《か》つ漸次南下するに及んで本県は其の冷気圏内に包容された為遽《にわか》に低温となり、稲の生育上最も重要なる七・

八両月及び九月上旬に至る間低温・多雨・寡照の悲観すべき気象状態を継続した。

これこそが、宮沢賢治が「サムサノナツハオロオロアルキ」とうたった「サムイナツ」である。

この年、一九三四年の米の収穫は、岩手県が五四・五パーセントの減収、青森県が四六・四パーセント、山形県四五・九パーセント、宮城県三八・三パーセント、福島県三三・四パーセント、秋田県二五・六パーセントの減収となる。明治以来の記録的大凶作である。

飢餓地獄が現出した。岩手県和賀《わが》郡沢内《さわうち》村（現西和賀町）のこの年十一月の食事について、『もうひとつの昭和史――北上山系に生きた人々』（田中義郎ら）はこう書いている。

もちろん、どこの家にも米だけの飯はなかった。それどころか、稗《ひえ》、粟さえすでに食べつくしていた。蕎麦《そば》粉《こ》をからめたダンゴに大根や人参の葉、乾燥させた山菜を入れた食べ物があれば上等の部類だった。ほとんどの家では、あくを抜いた栃《とち》、楢《なら》、椎《しい》の実や蕨《わらび》の根などを石臼《いしうす》でひいて作った粉で作ったダンゴだった。それも、味噌、醤油といった調味料さえ満足にない家が多く、塩だけでそのダンゴを食べた。

こうした備荒食糧すら食べつくした家は、ふすまや稲藁を煎《い》って石臼で粉にしたまるで馬の餌のようなものまで食べていた。

岩手県のある村では、乳幼児の死亡率が九〇パーセントに達した。学校では朝礼での校長の訓辞のとき、青い顔をしてうずくまる学童が激増する。朝食がとれないための、空腹による貧血である。欠食児童の数はこの年、東北地方で三万四四一五人、岩手県では要給食児童は二万四八〇〇人と全学童の六分の一に達した。都会からの援助物資をもとに、ようやく給食が始まる。

一九三五年（昭和十年）五月、江繋小学校の訓導だった西塔幸子はこう詠っている。

給食の菜の代りと折りて来し蕗《ふき》の皮むく夜のしじまを

干鱈《ほしだら》を数いくつかに切り終へて給食の支度今日も終へたり

売られゆく子どもたち

凶作の村から娘たちが消えていった。身売りである。

『昭和東北大凶作』（山下文男）によれば、一九三四年（昭和九年）の調査で、過去一年間の東北六県の離村婦女子の数と概況は、次のようだった。

芸者	二一九六名
娼妓《しょうぎ》	四五二一名
酌婦	五九五二名
女給	三二七一名
女中及び子守	一万九二四四名
女工	一万七二六〇名
その他	五七二九名
合計	五万八一七三名

西塔幸子は一九三五年（昭和十年）三月の日記に次のように書きつけている。

私は今日悲しい事を二つの目で見、耳で聞いた。私の曾《かつ》ての教へ子は（本年十五才）料理屋に売られたとの事。

店主の方では「物価の安い時二百円は高い百五十円」といふたさうだ。売る方では「それでは安過ぎる」といつたさうだが、話がどうついたか、その子は料理屋にいつてゐるさうだ。

細面の寂しみのあるきれいな子だつた。私はその話を面白さうに話してくれた人の前で顔をそむけて眼をふせた。私は今日一日憂鬱《ゆううつ》だ。そしてこの憂鬱はいつ誰によつてはらして貰へる事か……。

昭和十年弥生二十九日　　幸子

（『西塔幸子　その作品と生涯』横道廣吉編）

ファシズムへの道

この東北大凶作は、日本の進路をも変えていく。

東北農村は「帝国軍隊」の兵士の重要な供給源だった。戦前の徴兵検査では、岩手県の青年は一〇〇〇人中五〇〇人くらいが甲種合格で、絶えず全国の一位、二位を争っていたのである。その東北農村の疲弊が、青年将校たちの危機感をあおった。五・一五事件の被告のひとり、陸軍幹部候補生後藤映範《えいはん》は、上申書で次のように述べている（『検察秘録　五・一五事件Ⅲ（匂坂資料3）』原秀男ら編）。

私共《ども》が一日も速《すみやか》に国家革新の火蓋《ひぶた》を切つて改革を実現せしめなければならぬと考へたる理由は、切迫せる当時の国家内外の情勢に対する認識にありました。（中略）特に私共をして一日も猶予すべからざるを痛感せしめたものは東北地方の大飢饉でありました。（中略）或村小学校では児童の大部分が朝飯を食はずに登校し、中食もせずに空腹をかゝへて午後の課業を受け、ひょろ〳〵し乍《なが》ら帰つてゆくと云ふ記事がありました。可憐《かれん》なる児童、而《しか》も将来の日本を背負つて立つべき第二国民にこの苦痛を与へ、血涙ある者が黙して居るでせうか。或る一家は腐つた馬鈴薯を磨《す》りつぶし、之《これ》に草の根を交へて露命をつないで居たと云ひます。又或所では馬と人が同じ食物を食べ、而も滋養の多い部分は馬に与へてゐたとも申します。（中略）

一日遅るれば一日窮民の惨苦を延《のば》し、一日丈《だ》け国防の根柢《こんてい》に於て禍機《かき》を大ならしめます。農民と国家との生命に関する大問題、私共は最早《もはや》一日も猶予する事が出来ませんでした。

こうした危機意識が青年将校らを五・一五事件（一九三二年）、二・二六事件（一九三六年）に駆り立てていくのである。

一九三六年（昭和十一年）二月二十六日、雪の東京に陸軍皇道派青年将校らの銃声が響き、内大臣斎藤実《まこと》、蔵相高橋是清《これきよ》らが倒れて岡田啓介《けいすけ》内閣は倒壊した。二・二六事件である。青年将校らは賊軍として処刑されたが、続いて登場した広田弘毅《こうき》内閣で、陸軍は次第に実権を握ってファシズム的支配体制を確立。以後日本は、一路ファシズムへの道をひた走り、アジアの国々を軍靴《ぐんか》で踏みにじる不幸な戦争へと突入していくのである。

ジャガイモカ及ばず

それにしても、昭和初年の東北の飢饉に対し、救荒作物の代表といわれるジャガイモがなぜ、本来の力を発揮できなかったのだろうか。「お助け芋」といわれるジャガイモが、結果的には昭和史の曲がり角となる東北飢饉で、なぜ飢える民を救うことができなかったのか。私の問題意識はこの一点に尽きる。

まず、ジャガイモの作況がどうだったかについてみておきたい。『昭和九年　岩手県凶作誌』にはこう報告されている。

　馬鈴薯

　初期の生育は順調であつたが、七月に入り気候が悪変して著しく発育を害され、夏疫病・萎縮《いしゅく》病並《ならび》に偽瓢虫《てんとうむしだまし》の発生が多く而《しか》も霖雨《りんう》の為《た》め是等《これら》防除の効空《むな》しく、四百五十六万八千四百貫の総収量を示し平年より三一%四の減収であつた。

当時の岩手県のジャガイモの作付面積は、二九一四・三段（一段は九九一・七平方メートル）で、畑作ではソバに次いで多い。ジャガイモが普及していなかったわけではないのだ。

救荒作物についての第一人者で、盛岡市在住の雑穀研究者古澤典夫に、「なぜ、ジャガイモはお助け芋になれなかったのか」との疑問をぶつけた。

「ジャガイモにはふたつの大きな欠点があります。ひとつは病気の問題、もうひとつは生理的な問題です。病気は全国共通ですが、生理的な問題、具体的には種イモの問題で岩手県は大きな不利を抱えていたのです」

と古澤。

盛岡周辺では、ジャガイモは四月はじめに植え、八月に収穫する。そして収穫したイモの一部を翌年用の種イモとして保存するのだが、岩手県の気象では、この保存がきわめて難しい。また、沿岸地方で育てやすい品種でも、山間部ではうまく育たない、保存がきかないなど地域差の問題も厄介だ。結局、農家は毎年、種イモを他県から購入しなくてはならなくなる、というのである。

「『根もの土もの三分はつくれ』という言い伝えが岩手県一帯にもあります。だから飢饉に備え、ジャガイモなどを栽培するのがいいことは、農民も十分知っていたはずです。しかし種イモの関係でそれができなかったのだと思いますね」

と古澤は言う。

「小作農たちはジャガイモをふんだんに植える土地も時間もなかったのではありませんか。高い小作料を払うためにはまず、米を栽培しなくてはならなかったのでは……。だから残余の土地と時間で植えたジャガイモは、残念ながら量的にも『飢饉の救世主』になり得なかった、ということではないでしょうか」

そんな私の質問に古澤は、

「やっぱりジャガイモはマイナークロップでしたね」

と答え、顔を曇らせた。

そして満州へ

一九三二年（昭和七年）、満州国が建国された。「満州開拓の父」といわれる加藤完治《かとうかんじ》、関東軍参謀石原莞爾《いしはらかんじ》らが、移民を積極的に建議、この年から試験移民が始まった。困窮した日本の農村、とりわけ東北窮民のはけ口とする狙いと同時に、日本の傀儡《かいらい》国家満州（中国東北部）の北の国境の有事に備える狙いもあったといわれる。

こうして在郷軍人会を中心とした武装試験移民として始まった満州移民は、一九三六年（昭和十一年）に広田内閣が発表した「二十ヵ年百万戸移民計画」で本格化、大量の満州移民団が送り出されていく。さらに一九三七年（昭和十二年）には数え年十六歳から十九歳の少年で組織された「満蒙《まんもう》開拓青少年義勇軍」も設立された。戦争が激しくなるにつれ、成人、壮年の移民が困難になったためである。敗戦の一九四五年（昭和二十年）までに送り出された移民数は、満蒙開拓青少年義勇軍約八万七〇〇〇人を含め、約二七万人だったという。

凶作に泣いた東北農村からは、多くの窮民が満州に渡った。例えば岩手県の場合、『図説岩手県の歴史』（細井計責任編集）にはこうある。

昭和七年（一九三二）からの満州開拓に参加した岩手県人は、戦後引揚者から提供された名簿によると、四〇六九人となっている。その多くは農家出身の人びとであった。

別れてはまた何時《いつ》逢はむ教へ子を乗せたる車遠ざかりゆく

一九三五年（昭和十年）、西塔幸子が教え子を満州に見送ったときの歌である。では、その満州では、どんな暮らしが待ち受けていたのか。そしてジャガイモはどんな役割を果たすのか。満州の物語を追ってみたい。

4 満蒙開拓団の現代史——満州、那須

武装移民団

中島清一（一九一〇年生まれ）は一九三三年（昭和八年）、満州に移民する。富山県生まれで、父は兼農の製材職人だった。三男だったが「養子にはなりたくなかった」という清一は、「二〇町歩（二〇ヘクタール）の地主になれる」との新聞の移民募集に、友人とふたりで勇んで応募した。

昭和初年当時の世情とは次のようなものだった。一九二九年（昭和四年）、ニューヨークの

株式市場で起こった大暴落が発端となった世界恐慌は、翌三〇年には日本に波及し、生糸、造船、海運などが大不況となり、街に失業者があふれる。

農村はさらに悲惨だった。生糸相場の暴落で養蚕農家が打撃を受けたうえに、一九三一年（昭和六年）には東北地方を大凶作が襲う。すでに触れたように、東北農民は飢餓線上をさまよい、娘たちが都会に酌婦、女中、女郎として身売りされていった。

そんななかで、農家の次男、三男対策として打ち出されたのが満州移民で、中島が応募したのは、武装移民団「千《ち》振屯墾団《ふりとんこんだん》」だった。

入植先はソ連国境まで三〇里（約一一八キロメートル）の旧満州七虎力《チーフーリー》地区。開拓団員は皆、軍隊経験を持つ予備役軍人で、ただ同然の値段で現地農民から買い上げた土地を「匪賊《ひぞく》」から守るため銃を持ったという。

「狼《おおかみ》もいて、羊をよく食われた。一軒

の家に一挺《ちょう》の銃。銃は必携だった」（中島）

中島たちは米、コーリャン、大豆、小麦、それにジャガイモ、トウモロコシなどを栽培した。ジャガイモは当初は在来種を植えたが、入植二年目からは北海道から取り寄せた男爵イモを植える。自家用のほか、兵隊用の食糧として、軍隊にも納めた。

「土地は肥えていて、無肥料でやれました。満州では冬は土地が凍結しますからね。氷が融けてくる頃、四月二十日過ぎに植えました。掘るのは八月末か九月はじめ。人力で鍬で掘りました」

ジャガイモを前に収穫を喜びあう日本婦人
満州（中国東北部）で

逃避行

太平洋戦争の敗戦が迫る頃、根こそぎ動員がかかる。千振からも十八歳から四十五歳までの男たちが召集された。

「鉄砲など兵器はほとんどない。なんとも貧弱な軍隊でした」（中島）

さらに軍は現地の中国人農民らに、強制的にトウモロコシを供出させた。一年分の食糧として現地の人たちが貯めていたものだ。「食べるものは後から配る」という約束は、結局守られなかった。

「それが一番、現地の人の恨みをかった。軍のやり方はムチャクチャで、その反発で敗戦後、日本人はひどい目に遭いました」

と中島。

避難途中でも、日本人たちはジャガイモのやっかいになっている。

「現地の人の畑からジャガイモを失敬、生でかじりました。水がなく、馬車のわだちのなかにたまっている水で洗い、それで飢えを凌ぎました。トウモロコシもそうです」

と中島は当時を振り返る。

開拓民を置き去りにして、関東軍はいち早く遁走《とんそう》する。棄民となった清一一家はほぼ一年間を、新京《しんきょう》（現在の長春）の満鉄（南満州鉄道株式会社）の独身寮で過ごす。発疹《はっしん》チフス、ハシカなどが猛威を振るい、六畳間に一〇人ほどで住んでいた開拓団員たちはばたばたと倒れた。一八〇〇人中一〇〇〇人が死亡。なぜか元気な人から死んでいったという。清一の妻も、日本への引き揚げの数日前の一九四六年（昭和二十一年）七月、その寮で息を引き取った。

中島は内地にたどり着いた後、同じく千振の開拓民だった澄子と再婚したが、その澄子も、逃避行の苦しさを今も忘れられないでいる。澄子は言う。

「昭和二十年八月十二日に、千振を出よ、との命令がありました。千振の駅に集まったけれど汽車は不通。馬車で依蘭《いらん》に行き、それからは山のなかを歩きました。暴徒に荷物を取られたり、赤ん坊が泣いたりすると襲撃に遭うからといわれ、かわいそうに赤ん坊を川に流した人もいました。そして十月にやっと方正《ほうまさ》にたどり着き、そこの避難所で一冬を過ごしました」

軍が地中に缶詰や乾燥イモを埋めていた。澄子らはそれを掘り出して飢えをかわしたという。

「乾燥イモというのは今のポテトチップスのようなもの。イモは命の糧でした。どうにか命をつなぎました」

敗戦時、開拓団を含む満州在住の一般邦人は約一五五万人で、うち約一八万人が死亡したとみられている（二〇〇七年一月十四日、朝日新聞）。

那須に再結集

一九四六年（昭和二十一年）にやっと内地に帰り着いた清一は、那須連山のふもと、栃木県那須村（現那須町）でふたたび開墾に挑んだ。敗戦で一時は散り散りになった千振屯墾団の八〇人がふたたびこの開拓地に集まり、開拓地を「千振」と命名した。

大木の根を抜き、月の光で荒地を拓き、麦を植え、ジャガイモを育てた。一九五〇年（昭和二十五年）からの一〇年間は、どの家も種イモを育て、イモの裏作として牛に食べさせる家畜蕪《かぶ》を栽培したという。

「地力が向上した昭和二十五年頃から換金作物として導入されたもののひとつが原種ジャガイモ（種イモ）の栽培でした。当時は種ジャガイモの生産が間に合わず、北海道から原原種（種イモの親）を持ってきて内地の高冷地帯でそれの増殖をはかったもので、国も奨励し、県の担当官が栽培管理の監視や生産物の検査を厳重にやったものでした。それだけに価格も食用よりも格段に高く設定され保証もされていましたので、私たちも毎年二〇アールほど重点的に作付けしたものでした。一〇年くらい続いたでしょうか。生産量が増えるに従って単なる原種ではけ口がなくなり、かなりのものが食用に回ることになり、魅力が薄れ、一方では酪農が本格的に進んだことから、この栽培から撤退しました」

と中込敏郎。中込は一九二六年生まれで、「最後の徴兵検査組」。千振屯墾団からの奨学金で満州国立新京畜産獣医大学を卒業、引き揚げ後、「団に恩返ししたい」と那須の開拓に馳せ参じた異色の人物だ。

酪農は最初は馬、そして馬が機械に押されてだめになると牛に代わった。中島一家も現在、ホルスタインと和牛（肉牛）二五〇頭を飼っている。

雨上がりの六月の午後、那須の千振開拓地を歩いた。緑したたる木々に囲まれて、青い屋根、赤い屋根の家々が点在する。約四〇〇ヘクタールの土地にトウモロコシ畑、そして牧草地が広がる。標高約五〇〇メートルの準高冷地だ。牧草地のそこかしこには、白いビニールに包まれた牧草の束が見える。

ホトトギスの鳴き声に乳牛ののどかな鳴き声が重なる。雲が厚く、残念ながら那須連山の姿は望めない。

開拓農協の裏庭には横長の「開拓の碑」が立っている。碑文にはこうあった。

北満の東宮山に別れを告げ、ここ那須山のふもとにたどりついたのが昭和二十一年十一月
皆んな傷つき、皆貧しかった
満州に失つた千余名の愛し子《いとご》兄弟達のことを想ふと立つ力さえ抜けていつた
然《しか》し、この吾々を温く抱いてくれたのはこの那須山と村の人々
力をふりしぼつて松や櫟《くぬぎ》の根つ子と取り組んだ
月の光で荒地を拓き、そして麦を蒔いた
出来たものは白穂だけだつた　それでもヘコタレないで拓きに拓いて二十年
那須山に今日もゆるやかに噴煙がたなびき乳牛の声が緑の牧場からきこえて来る
傷ついた千振の兄弟達がはげましあい力をあわせて拓き造つたこの沃野《よくや》だ
二代三代さらに吾等《われら》の子孫がよき村人として立派な日本農民として
この大地に育ちくれんことを
開拓は決して死なない
　昭和四十一年十一月

吉崎千秋記

中島清一を自宅に訪ねた。九十五歳。家業は息子の隆に譲って隠居生活だが、耳が遠いことを除けば、かくしゃくとしている。記憶力もまた、見事である。「ジャガイモに節目、節目で助けられた」と言う清一。温顔、細面。荒畑寒村《あらはたかんそん》に似ている。辛酸を知り尽くしたものの味わい深い温顔だ。

満州で十余年、那須山のふもとで六十余年。そんな開拓の歴史にやさしく、そして力強く寄り添い続けたジャガイモ。東北、満州、そして那須。昭和史を縦に貫いて、「貧者のパン」は確かな存在感を示し続けている。

5　シベリア抑留とジャガイモ

平塚光雄の場合

平塚光雄（一九二七年生まれ）は、太平洋戦争さなかの一九四二年（昭和十七年）十五歳で志願して京都府の舞鶴《まいづる》海兵団に入団した。「お国のために戦う」との思想に凝り固まった筋金入りの軍国少年だった。それから予科練丙種で、茨城県霞ヶ浦《かすみがうら》の海軍飛行兵となり、学徒出陣の飛行兵らとともに四ヵ月訓練を受ける。

さらに一九四三年（昭和十八年）一月には、三重県の鈴鹿《すずか》海軍航空隊に移り、そこで航空写真の撮り方を学ばされた。訓練機は複葉飛行機九三式中型練習機で、教官との二人乗り。機体がオレンジ色に塗られていたことから「赤とんぼ」と呼ばれていた。

次いで台湾の高雄《たかお》に実戦配備される。「零戦《ゼロせん》」（零式《れいしき》艦上戦闘機）に乗り、上官らとともに三機編成で砲術の訓練などを半年ほど続けたが、敵機の姿はまだ、台湾付近にはなかった。

一九四三年の早春、南西太平洋、ニューブリテン島のラバウルに配属される。五ヵ月いた。そこで「零戦」を操縦していて一度だけ、空中戦に遭遇したというが、平塚は今なお、多くを語らない。

次第に敗色が濃くなり、平塚の所属していた大分航空隊は朝鮮の元山《ウォンサン》に分遣隊を置いた。「901航空隊」である。平塚も元山に移り、学徒動員の学生の指導にあたった。わずか二、三ヵ月の訓練で、沖縄戦線に「特攻」（特別攻撃隊）として飛び立っていく学生たち。元山で訓練した学徒兵たちを月に二回か三回、大型爆撃機で二〇～三〇人単位で鹿児島の鹿屋《かのや》特攻基地に送り届け、出撃を見送るところまでが平塚らの仕事だった。

「はじめは本物の酒で別れの盃《さかずき》を乾《ほ》したが、昭和十九年の秋過ぎからは水盃《みずさかずき》になった。訓練生は十八歳とか二十歳とか、私と同じ世代の若者です。飛び立った彼らは誰も戻らなかった。それなのに私は生き残った。生と死とは紙一重でした」

平塚は今も、そんな若者たちの笑顔の底の「固い表情と秘めた悲しみ」を忘れることができないでいる。

囚われの身に

敗戦はその元山の基地で迎える。その直前の一九四五年（昭和二十年）八月八日、ソ連軍は日ソ中立条約を一方的に破って対日参戦した。元山にもソ連の艦隊からの砲撃が散発的にあり、日本軍もトーチカにこもってわずかに応戦したが、戦闘と呼べるような状況ではなかったようだ。平塚の記憶では、八月十一日か十二日にソ連兵に囲まれて武装解除した。ここでも大きなトラブルはなかったという。

八月十五日の玉音放送も元山の兵舎で聞いたが、その後もソ連側の方針が決まらず、足止めを食う。

八月二十三日、日本兵のその後の苛酷な運命を決定づけるスターリンの極秘指令が発せられた。

日本軍捕虜の移送に関する「スターリンの極秘指令」

国家防衛委員会決定　　　一九四五年八月二十三日、モスクワ・クレムリン

「日本軍捕虜五〇万人の受け入れ、配置、労働利用について」

国家防衛委は以下の通り決定する。

①ソ連内務人民委員部（NKVD）のベリヤ、クリベンコ両同志に対し、五〇万人以内の日本人捕虜の受け入れ、捕虜収容所への移送の責務を与える。

②第一極東戦線（メンツコフ、シツイコフ両同志）、第二極東戦線（プルカエフ、レオーノフ両同志）、ザバイカル戦線（マリノフスキー、チェフチェンコフ両同志）の各軍事評議会に対し以下の任務の遂行を命じる。また、第一極東戦線については、NKVD捕虜問題総局（GUPVI）代表たるパブロフ同志、第二極東戦線については同ラッシヌイ同志、ザバイカル戦線については同クリベンコ、ウォロノフ両同志と合同で、これを行うものとする。

（a）極東、シベリアの環境下での労働に肉体面で適した日本軍捕虜を五〇万人選別すること。

（b）ソ連への移送に先立ち、捕虜の中から各千人から成る建設大隊を組織し、まず技術部隊の下級士官、下士官から優先的に各大隊、中隊の指揮官を命じる。各大隊に二名ずつ捕虜の医務担当者を付けた上、運営上必要な自動車、貨物輸送手段を与えること。戦利品の中から大隊の全員に冬・夏季用軍装、寝具、下着、野戦調理車、身の回り品を支給すること。

（後略）

この長い「指令書」には、地方ごとに、五〇万人の日本人捕虜の派遣先（労働現場）が列挙されていた。
（a）バイカル・アムール（バム）幹線鉄道建設＝一五万人
（b）沿海地方＝七万五〇〇〇人
（c）ハバロフスク地方＝六万五〇〇〇人
（d）チタ州＝四万人等々

いずれもが典型的な「肉体労働分野」である。これにはソ連側の事情もあった。第二次世界大戦に参加した国のなかで最も大きな被害、最も多い死傷者を出したのがソ連である。独ソ戦で国土は徹底的に荒らされ、死者は二〇〇〇万人を超えた。加えて戦後はアメリカとの間に冷戦も始まる。ソ連は自力復興のために日本人捕虜の労働力に目をつけたのだった。一刻も早く、祖国の再建、建設をとのソ連側の露骨な狙いが読み取れる。

ラーゲリ暮らし

もちろん、この極秘指令は日本人たちには伝えられない。行く先も告げられぬまま、汽車で、船で、シベリアの奥地へと移送されていくのである。

平塚も仲間約二〇〇〇人とともにソ連の貨物船に乗せられた。

「東京に帰還だ！」

の声も上がったが、進めども進めども船の左舷側《さげん》に陸地が見える。船は日本ではなく、シベリアに向けて北上していたのだった。

一日半の航海の末にたどり着いたのがナホトカだった。そこで上陸、約五日、徒歩で進んだ。案内人は韓国人で、夜も七時頃まで歩き、野営という強行軍。倒れた者はその場に置き去りにされた。誰にも助ける余力は残っていなかった。

やっとたどり着いたのがスーチャンという炭鉱町。そこからさらに十数キロ奥の原生林のなかにラーゲリ（強制収容所）があった。収容所名は「レースポロンホーズ」。有刺鉄線が張りめぐらされ、常時、歩哨《ほしょう》が望楼に立つ収容所に、平塚は四〇〇人ほどの仲間と一緒に入れられた。

収容所生活は悲惨の極だった。二段となった長い板張りのベッドにオーバーを着たまま寝る。スーチャンのあるシベリア沿海州地方でも、十月となると零度以上となる日はめったにない。極寒期には氷点下四〇度前後まで冷え込むのだ。建物内にペチカが置かれてはいたが五〇人に一台ほどで、離れたベッドの者は寒さで眠れない。ペチカのそばに集まり、うたた寝をしていたという。

食事もひどかった。家庭用マッチ箱ほどの黒パンと岩塩で味付けしたほとんど中身のないスープ。それが三度の食事だ。

それにもかかわらず平塚たちには、原生林の伐採という重労働、強制労働が待っていた。原生林には赤松、青松、トド松、ナラ、イタヤ、カツラ、白樺などの巨樹が密生している。直径一メートルを超える赤松や白樺を、二人一組となり鋸《のこぎり》で切り倒すのだが、ふたりの呼吸や体力がなかなか合わない。さらに切り倒した巨木を三メートル、五メートルと決められた長さに切りそろえなくてはならない。労働時間は午前九時から午後五時まで。四〇分間の昼休みだけが休憩時間だ。銃を手にした看守が「ダバイ、ダバイ」（早く、早く）とせきたてた。

すぐに極寒の冬がやってきた。氷点下四〇度にもなる冷え込み。ラーゲリでの寒さに加えて、黒パン三枚とワラビやコーリャンの入ったスープだけの乏しい食事のため、栄養失調や伐採時の事故で、平塚の仲間約四〇〇人のうち約二割が最初の冬に命を落としている。

死者の弔いはもの悲しいものだった。読経もなければ線香もない。衣服を剝がされた裸の体を雪の下に埋める。固くて掘れない雪下の土。春がきて雪が融ければ遺体は露出してしまう。

「狼の餌になってしまったものも……」

と平塚は声を落とす。

この森林伐採地での唯一の救いは松の実だった。日本の三倍ほどの大きさの松笠《まつかさ》のなかに松の実が入っている。松笠を焚《た》き火《び》で焼きイモのように焼き、なかの実を食べた。見張りのロシア兵も公認だった。

「ピーナツのような味だった。松の実に救われた」

と平塚。

それでも春が

そんなシベリアにも春はめぐってくる。雪の下から芽を吹く草花を食糧の足しにしたり、小川で魚をとったり……。原生林の木々が緑に輝くのもこの頃だ。そして春の訪れとともに食糧事情も少し好転した。スープにジャガイモやソーセージの切れ端などが入るようになったのである。

平塚はスーチャンの炭鉱で働いたあと、一九四七年（昭和二十二年）の春から、ウォロシーロフのコルホーズ（集団農場）で働く。食べ物に関する限り、そこは天国だった。春に植えたジャガイモは、秋にはふんだんにとれた。そのジャガイモをはじめ、キャベツ、ネギ、トウモロコシなどを自由に食することができた。ロシア人の看守も一緒に、生のジャガイモをかじったという。

「時々は看守の目をかすめ、ジャガイモを収容所まで持ち帰って調理して食べた。松の実とジャガイモのお蔭で、私たちは生き残ることができた」

と平塚はしみじみと言う。

ジャガイモがシベリア抑留者をどれだけ救ったかなどの統計数字はもとよりない。しかし、『収容所から来た遺書』（辺見じゅん）に、次のようなくだりがあることからみても、多くの抑留者がジャガイモで救われたことは事実であろう。

ラーゲリの近くには馬鈴薯畑が広がっていた。作業現場への道すがら、監視兵の目をかすめて、畑から盗んで食べる者があとを断たない。

『捕虜体験記』の刊行

江口十四一《とよいち》（一九二五年生まれ）も、ハバロフスク西のユダヤ自治州といわれる一帯で、イズベストコーワヤ、クレドール、ウルガル、テルマの収容所などを次々と回され、原生林の伐採、鉄道建設などの重労働にも従事させられた。ただ、夏の一時期には、近くのコルホーズでのジャガイモの植え付けと収穫の作業に駆り出された。収穫期（七〜八月）のジャガイモは実にうまい。

「この時期の豊富なジャガイモこそが生命の糧だった。大ぶりのジャガイモは、茹でて食べても、つぶして食べても本当においしかった」

と江口。食糧事情はそれぞれの収容所でかなり違っていたようだが、江口は、

「主食の黒パンも、主要な副食のジャガイモも、どの収容所でも大きく不足していた。また、冬場になるとジャガイモは表面が凍ってしまいブヨブヨになってくる。そのブヨブヨの部分を手で剥いで中を食べるのだが、これは煮ても、焼いてもまずかった」

と言う。

「とはいえ、ジャガイモなしではわれわれのシベリア生活は成り立たなかったろう。今でも、ジャガイモと聞くと、特別の感慨が湧《わ》いてくる」

と江口は言うのである。

日本人がはじめて経験させられた六〇万人余の抑留者の苛酷な生活、体験の記憶をこのまま空洞化させては断じてならないと、江口らは「ソ連における日本人捕虜の生活体験を記録する会」を結成、一九八四年十一月から『捕虜体験記』の刊行を開始する。

体験記づくりの呼びかけに、四百字詰原稿用紙にして約一万枚の原稿が寄せられた。抑留当時の日記や文芸作品、さらには当時使われていた飯盒《はんごう》、水筒、スプーンなど、無数の資料も集まった。刊行委員会はそれを全八巻にまとめ刊行した。最終巻の発行は一九九八年。第一回の配本(一九八四年)から数えると一四年の歳月が経っていた。

『体験記』に呪詛《じゅそ》を込めて最も頻繁に登場する言葉がロシア語ノルマ(作業量基準)である。ノルマは作業現場ごと、そして作業内容ごとに細かく決められていた。

伐採——根本の直径四〇センチくらいの木を切り倒し、枝は全部取り払い、焼却したのち、丸太を長さ六メートルに切り、積み上げる作業(伐採作業は二人で向き合って鋸を引く作業で、だいたいエゾ松・カラ松・モミの木を主体としていた。根本の直径四〇センチの太さの

木から六メートルの丸太がだいたい三本とれる）――ノルマは二人で七立方メートル、したがって約五本

（フルムリ・大谷剛）

石炭の貨車おろし――五〇トン貨車に満載された石炭をシャベルで掻《か》きおろす作業。ノルマは一貨車四人一組となって三時間で下ろし切って一〇〇%

（ブラゴエシチェンスク・杼窪廣平）

坑道削岩――旧式の日本の削岩機を使って発破をかけるための孔《あな》を掘り上げる作業――ノルマは、普通の岩山を削岩する場合は深さ一・三メートルの孔を一四本、鉱脈層の場合は深さ一メートルの孔を二〇本穿孔《せんこう》

（ブクカ・山本泰夫）

これらのノルマが果たせない場合は居残り作業や食事減などのペナルティが待ち受けている。

しかし、こうした作業以上に苛酷だったのが第二シベリア鉄道、バム鉄道（バイカル・アムール・マギストラーリ）の建設現場だった。そこには、五万人以上の日本人捕虜が動員され、「枕木一本に命ひとつ」といわれるほどの重労働を担ったという。

『体験記』にはジャガイモの話がしばしば登場する。こころ温まる話を紹介したい。本多順次はイルクーツクで日露戦争のとき、日本の捕虜になった経験を持つロシア人の老人に会う。自分の小屋に本多を招きいれた老人は、自分は日露戦争で捕虜となり、日本国のサカイという土地に連れて行かれ、そこで良い待遇を受けた、と懐かしんだという。そのうえで、ストーブの上にジャガイモを次々と並べて焼き、どんどん食えと勧める。さらに帰り際に声を落とし、「明日の朝早く向こうの廃車トラックに行ってみろ。ジャガイモを袋一杯につめておく」「自分がサカイにいた頃は、今の君たちのように苦しくはなかった。そのときのお礼だ」と言ったという。そしてジャガイモは老兵の言ったとおり廃車の上にあった。

本多はこう結んでいる。

> 人道とか正義とかを口にすることは簡単である。しかし、一方が勝者となり他方が敗者に追い込まれたとき、はたして勝者が人間らしく振舞うことができるかどうか。
>
> 私は右の老兵になにかしら尊いものを教えられたような気がした。

血と汗と涙、さらには不屈の精神などをぎっしりと刻み込んだこの『捕虜体験記』は一九九八年（平成十年）、第四六回の菊池寛賞を受賞した。「客観的で文章に説得力がある」などの点が、高く評価されたのだという。

【コラム　日本の食とジャガイモ】

日本の一般庶民が、三食米のご飯を食べられるようになるのは、一九五五年（昭和三十年）以降といわれる。それまでは米に麦、雑穀、サツマイモ、ジャガイモなどを混ぜて食べていた。一八八八年（明治二十一年）の「米食率・混食率」をみると、全国平均では米は五一・一パーセント、麦が二七・〇パーセント、雑穀が一三・二パーセント、サツマイモ五・七パーセントでジャガイモは〇・八パーセントとなっている。ただしジャガイモは産地の北海道では一一・〇パーセント、徳島県四・五パーセント、山梨県三・五パーセントとかなり高い混食率になっている（『お米と食の近代史』大豆生田稔）。

北海道のようにジャガイモが主食並みの位置を占める地方では、ジャガイモの長期保存が不可欠だ。そこで生まれたのが「凍《し》みイモ」である。

冬に凍ったジャガイモを春になって皮を剥き、水に浸すと真っ赤なアクが出る。一日に三回、二日ぐらい水を替える。それを干し柿のように軒に吊したりして乾燥すればカチカチになる。食べるときは粉にし、団子などにする。アンデスの「チューニョ」に似た保存食で、この知恵で新しいジャガイモが出てくる七、八月ぐらいまで凌ぐことができるという。「凍みイモ」をつくるのは北海道、青森、岩手などの寒冷地だ。

日本人の知恵が生んだジャガイモ料理の代表格は「肉じゃが」であろう。後に海軍大将となる東郷平八郎《とうごうへいはちろう》（一八四七〜一九三四）は明治初期に英国のポーツマスに留学した。そこで食べたビーフシチューの味が忘れられず、帰国後に艦上食としてつくるよう料理長に命じたが、肝心のワインもドミグラスソースもない。料理長が醤油と砂糖で「和製ビーフシチュー」をつくったところ、偶然に「肉じゃが」が生まれたというのが発祥伝説である。海軍から脚気を追放するという役割も果たしたとされる。

この肉じゃがもそうだが、戦争とジャガイモとの縁は深い。シベリア出兵に端を発する米騒動時にもジャガイモは大きく注目された。一九一八年（大正七年）七月、富山県の主婦らの行動が発端となった米騒動はその後、一道三府三二県に広がる。

当時の新聞に「馬鈴薯《じゃがいも》と甘藷《かんしょ》も亦《また》豊富　利用せば米問題は自《おのずか》ら解決す」という見出しで、次のような記事が載った（一九一九年六月九日、読売新聞）。

> 六月より七月に掛けては全国に於《お》いて馬鈴薯《ばれいしょ》の収穫が多量（平均三億四千五百万貫）にあり九月から十月に掛けて十億貫以上の甘薯を得る事が出来る。（中略）
> 国民が自発的に米以外の代用食を採る様にしたならば、其《そ》の間自ら米の緩和も得られ且《か》つ経済状態も円滑になるであらう。

太平洋戦争中には新聞も必死で代用食としてのジャガイモの喧伝《けんでん》に努めた。例えば読売新聞は「いもと戦争」のコラムを連日掲載、「芋うどん」や「芋乾パン」など、新しい料理法を紹介している。

さて、二十一世紀の日本の食とジャガイモとの関係はどうか。農水省などでは「消費者の健康志向を背景に、カロリーの低いジャガイモの需要は増やせるはず」とみる。太平洋戦争中、「一日に中型のジャガイモ四つか五つで事足りる」（一九四三年七月二十四日、読売新聞）と代用食機能を高く買われたジャガイモが、今では低カロリーを「売り」にする。ジャガイモにもまた、時代がくっきりと映し出されている。

6　「男爵イモ」の街——北海道

日本一のジャガイモの街

函館から北へ約一二五キロ。北の狩場《かりば》山地、南の遊楽部《ゆうらっぷ》岳（一二七六メートル）に挟まれて瀬棚郡今金町《いまかねちょう》はある。面積は五六八・一四平方キロで人口は約六〇〇〇人。この町の中央を流れる後志利別《しりべしとしべつ》川は「全国一の清流」を誇り、町の特産品「今金男爵（イモ）」も、味のよさとホクホク感で、「日本一おいしいジャガイモ」との高い評価を受けている。九月上旬が、その男爵イモの収穫の盛りだ。

同町神丘《かみおか》地区の整然と区画された畑地で、川崎和美が言った。

「今年の出来はまずまず。今金男爵の市場での評価は高く、他産地のものより三割ほど高い値が付く。もっとも農協などでいろいろ手数料を取られ、実際の収入は少ないのが悩みだがね。数年前、次男が東京での公務員生活を辞めて帰ってきた。後を継いでくれるのはうれしいが、(日本農業の先行きを思うと) 心配でもあるね」

一方、現地を案内してくれた今金町役場産業振興課係長の鈴木正之は、

「わが町には後継者がいる農家が五〇軒はあると思いますよ」

とうれしそうに言う。

志方之善と荻野吟子

今金町の歴史は、そっくりこの町のジャガイモの歴史に重なる。苦闘の開拓時代にも、戦中戦後の食糧難時代も、ジャガイモは人々とともにあり、人々の暮らしを支えた。まず、開拓の歴史からみていこう。

一八九一年 (明治二十四年) 四月、当時京都同志社英学校の学生であった志方之善《しかたゆきよし》は同志の丸山要次郎とともに北海道に渡った。志方は熊本県の士族の長男として一八六四年 (元治《げんじ》元年) に誕生、一八八五年 (明治十八年) に同志社英学校に入学し、翌年にはキリスト教に入信している。熱烈なキリスト教徒だった志方は、北の新天地を開墾、そこに「神の国=理想郷」を築こうとしたのだった。

この年、一八九一年、志方らは瀬棚村 (現久遠《くどお》郡せたな町) から利別川 (後志利別川) をさか

のぼる。瀬棚は鰊《にしん》漁の基地として賑《にぎ》わっていたが、一歩内陸に入ればそこは人跡未踏の荒野だ。志方らは野宿しながら二日がかりで利別原野の中焼野《なかやけの》と通称される土地（現在の今金町字神丘）に到着、開墾に入る。土地二百余町歩（二百余ヘクタール）は、改進党の犬養毅《いぬかいつよし》から分割貸付を受けたものだった。

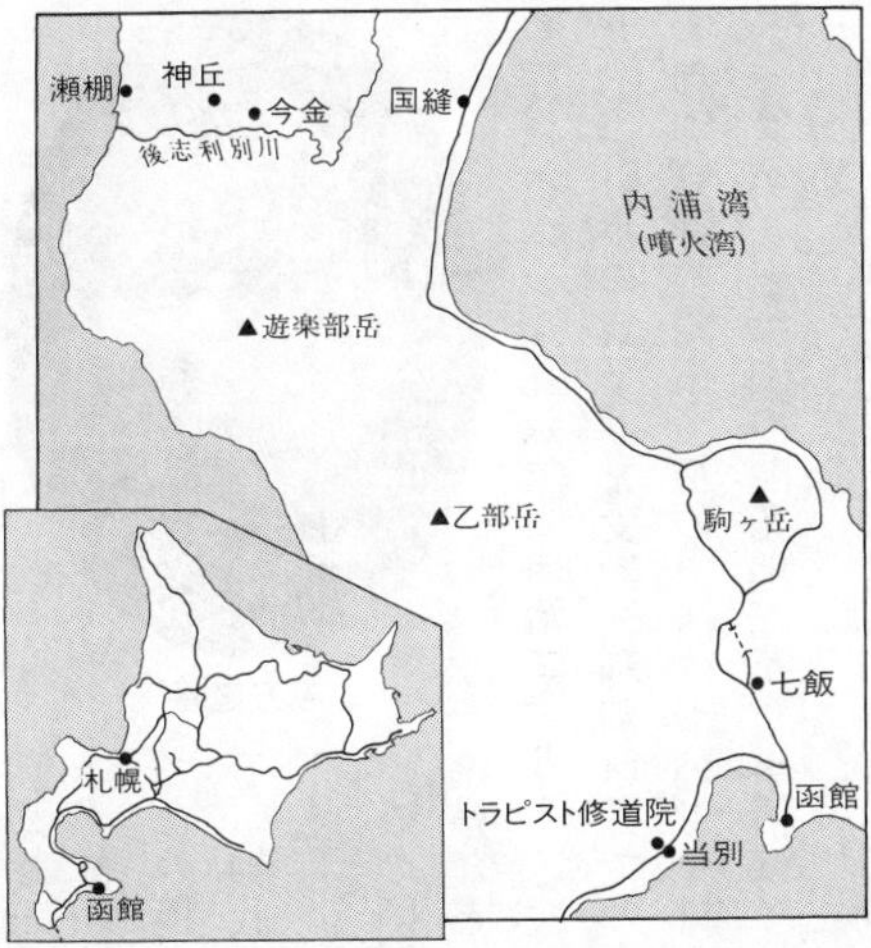

目的地に到着はしたものの、大木と熊笹の生い茂る原生林の開墾は志方らの手に余った。巨木一本を切り倒し、空き地をつくるだけで一日が終わる。秋までに半町の開墾がやっとだった。やむなく志方は、同志を募るべくいったん帰京、要次郎だけが越冬に挑んだ。

要次郎の越冬生活は辛酸を極める。米一合で一四日間を過ごし、蕗の塩煮だけで四〇日間も飢えを凌いだという。要次郎は京都で高村光雲《こううん》門下として彫刻を修業した人物で、自作の木彫りを瀬棚に出かけて売り、食糧に換えたといわれる。

翌一八九二年（明治二十五年）春、姉しめを伴って志方は開拓地に戻り、ふたたび荒野の開拓に挑む。さらに九三年の春には志方の同志高林庸吉、島津熊三郎、丸山伝太郎らも到着、開拓村は約五〇戸となった。志方らはこの年、キリスト教徒の理想郷建設の夢を託してこの地を「インマヌエル」と命名した。「新約聖書」にある「神我とともにいます」を意味する言葉で、後に同地は「今金町字神丘」となる。

志方之善

この頃、志方らのキリスト教グループとは別に愛媛県、新潟県などからの入植が続き、利別原野の開墾が本格化していく。さらに一八九六年（明治二十九年）には天竜川の治水で知られる金原明善《きんぱらめいぜん》が国有未開地三九〇〇町歩の貸下げを受け、利別原野での大農場づくりに着手している。

利別原野の開拓当初の生活について今村藤次郎は、次のように語っている（『今金町史』）。インマヌエルとは別の開拓地だが、事情はインマヌエルもほぼ同様だったと思われる。

明治二十六年（一八九三）、国縫《くんぬい》・瀬棚間に笹を刈分けした程度の道ができ上がった。

（中略）

移住民は伐木を夏から始めた。普通は冬にやるのだが、待ち切れないのである。畑地にする笹原を刈るのも虻《あぶ》蚊に悩まされ、ブドウづる（後にはトウキビの殻）を小さく切り束にして腰にさげ火をつけその煙で防ぎ、また紗《しゃ》のようなもので顔をおほい、山形などのモンペなども使うようになった。伐木は買手もなく皆焼き捨てた。やっとできた畑地には麦を一～二反つくりその残りは芋を作った。芋ができるようになってからは芋が主食となり、大川渕《ぶち》のよい所を選んで作ったのでよくできたが、芋・大根などは殊に見事であった。

そのインマヌエルの地に荻野《おぎの》吟子《ぎんこ》が移り住んだのは一八九四年（明治二十七年）だった。政府公許の女医第一号の荻野吟子は、志方の妻。波乱万丈というほかない彼女の生涯については荻野吟子女史顕彰碑建設期成会編纂、瀬棚町発行の『荻野吟子』に詳しい。

荻野吟子は一八五一年（嘉永《かえい》四年）、埼玉県大里《おおさと》郡秦《はた》村（現熊谷《くまがや》市）の豪農の家に生まれた。荻野家は苗字《みょうじ》帯刀を許され、代々の名主を務めた名家だった。吟子は十六歳の年に本人の意志とかかわりなく土地の旧家の世継ぎ息子と結婚。しかし夫は怠惰な遊び人で、吟子は性病をうつされ、実家に帰される。男性医師によって加えられる婦人科の治療は、病苦のうえに屈辱も加わる。この体験を通じて吟子は「自分と同様、男医にかかるのをつらがっている婦人の病者の為に尽くしたい」（『荻野吟子』）と医者への道を決意するのである。

上京した吟子はまず東京女子師範学校（お茶の水女子大学の前身）で学び、さらに一八七九年（明治十二年）には高階経徳《たかしなけいとく》の経営する私立の医学校「好寿院《こうじゅいん》」に入学する。官立の医学校は女子の入学を認めない。「好寿院」も本来は女子禁制の学校とあって、三年間の通学を彼女は、男子用の袴《はかま》、高下駄《たかげた》姿で通している。

一八八二年（明治十五年）、「好寿院」を優秀な成績で卒業、内務省医術開業試験を受けようとするのだが、再三の受験願は、「女なるがゆえ」に拒絶される。当時の医界の有力者で陸軍軍医監石黒忠悳《ただのり》ら支援者の尽力、吟子本人の内務省への必死の働きかけなどでやっと受験が認められ、吟子は一八八四年（明治十七年）九月の前期試験（物理学、化学、解剖学、生理学）に挑む。女性の受験者は吟子を含め四人だったが、合格は吟子ひとりだった。さらに難関といわれる翌八五年三月の後期試験（外科学、内科学、薬物学、眼科学、産科学、臨床実験など）にも見事合格、政府公許の女医第一号が誕生したのだった。吟子はこの年五月、都内で開業している。

これより先の一八八四年、吟子は東京・京橋新富座《しんとみざ》でキリスト教大演説会を聞き、感銘を受ける。そして八六年には本郷教会で海老名《えびな》弾正《だんじょう》から洗礼を受け、キリスト教徒になっていく。

一八九〇年（明治二十三年）、志方は伝道活動の途中に吟子の医院に立ち寄る。そして志方と吟子は互いに強く惹かれあう。同年十一月、周囲の強い反対と年の差を押し切ってふたりは結婚した。

一八九四年（明治二十七年）、東京の医院をたたんで吟子もインマヌエルへ。インマヌエルの志方の住居は、土間に約六畳の板の間がふたつの粗末な小屋で、井戸も共同便所も外だった。

吟子は、この地では開業していない。

吟子は医師として渡道したのではない。

のち瀬棚市街に居を移すまで医業はしていない。どこまでも志方を助け、理想郷の一員たろうとする希望であった。

（前掲書）

巨木を切り倒すなどの力作業は無理だったが、志方らを助けて吟子もまた、地ならしなどをしたようだ。そうしてつくられた畑地でソバやジャガイモ、カボチャなどを栽培、日曜日には自分たちの手でつくりあげた草葺《くさぶき》の礼拝堂で祈りを捧げるという生活が始まる。

志方らはインマヌエルで次のような綱領を掲げた。

一、基督《キリスト》教主義ヲ賛成シテ移住スル者ハ、何人《なんぴと》ヲ問ハズ、定域内ニ於イテ原野地一万五千坪ヲ托《たく》シ、成功ノ上十分ノ一ヲ教会費トナスコト。

一、移住者ハ禁酒ハ勿論《もちろん》、凡《すべ》テ風教ニ妨害トナルコトヲナスベカラズ。若《も》シ犯セシモノハ契約ヲ解除スルコトアルベシ。

一、大祭日、毎日曜日ヲ休業シ、他愛主義ヲ採リ、連苦互ニ相助ケ、猥《みだ》リニ貸借ヲ禁ズ。

荻野吟子

一、移住者ハ自由自活ヲ重ンジ、各自独立ヲ図ルコト。

だが、理想郷づくりは挫折し、之善と吟子は国縫（現山《やま》越《こし》郡長万部町《おしゃまんべちょう》）へ。しかし国縫でのマンガン鉱の経営もあえなく失敗、ふたりは瀬棚に移り住む（一八九七年）。志方がインマヌエルを去ったのは、志方らの組合教会派と、後から開拓に加わった天沼恒三郎の聖公会派との信仰上の対立が原因だったといわれる。

吟子は一八九七年（明治三十年）、瀬棚で開業、婦人解放運動にも力を注ぐ。一方、之善はキリスト教の伝道に奔走するが、一九〇五年（明治三十八年）、瀬棚で病没。四十二歳だった。

志方之善と荻野吟子が暮らしたインマヌエルの住居跡　今金町神丘

その後、吟子も健康を害して東京に戻り、一九一三年（大正二年）、六十三歳で永眠した。

男爵イモの街へ

その後の町の歴史を急ぎ足でたどりたい。開拓当時、栽培されたジャガイモは在来種で、自家食糧用だったが、やがて栽培の中心は「男爵（イモ）」に移っていく。後に述べるが男爵イモが北海道に入ってくるのは一九〇八年（明治四十一年）で、ほどなく今金町（当時は利別村）にも種イモがもたらされる。「アイリッシュ・コブラー（Irish Cobbler アイルランドの靴直し）」と呼ばれるこの品種は、今金の地にぴったり合った。内浦《うちうら》湾（通称噴火《ふんか》湾）から美利河《びりか》峠を越えて入り込む冷たい風と霧が低温をもたらし、それがつくり出す昼夜の大きな温度差が、おいしい男爵イモを育ててくれたのだった。

一九三〇年（昭和五年）、国鉄瀬棚線が開通、今金のジャガイモの販路は本州にまで広がった。さらに一九三七年（昭和十二年）には日中戦争が始まり、植民地化した満州（中国東北部）や台湾にまで、今金の男爵イモの種イモが送られるようになった。農家も栽培面積を広げ、一九四三年（昭和十八年）には利別村のジャガイモ生産は九〇〇〇トンと、檜山支庁管内の第一位となっていく。

戦火は広がり太平洋戦争へ。利別からも農耕馬が軍馬として戦場に送られ、代わって小学生や中学生までが「援農部隊」として農作業に駆り出されたのだった。

一九四七年（昭和二十二年）、利別村は今金町となる。その新生今金が一九五三年（昭和二十八年）、新たな決断をする。町内で生産するジャガイモの品種を「男爵」一品種に絞り込んだのだ。大型機械を導入しての大規模生産が主流となりつつあったが、丘陵地が多く土地の狭隘《きょうあい》な今金では、その選択は不可能だ。ではどうするか。「徹底した品質管理で、どこにも負けない品質の男爵をつくろう」。それが今金の打ち出した新たな戦略だった。

まず、病気を防ぐため自分の畑での種イモづくりを一切禁止した。種イモは専門の採種農家から毎年買うシステムにしたのである。次いで土盛り。五月に植え付け、六月にはジャガイモに改めて土を盛る。日にあたることででんぷんが減るのを防ぐためだ。

八月末、葉が黄色くなると収穫は可能となるが、さらに一〇日ほど待つ。茎の養分がイモに降りきるまで収穫を待つのだ。大規模農地では、ここまで待っては収穫が間に合わない。

ジャガイモのでんぷん含有量を「でんぷん価（ライマン価）」と呼び、一般の男爵イモでは一四前後。徹底した品質管理の結果、今金のそれは平均で「一六」、多いものでは「一八」で、舌の上で崩れ落ちるようなホクホク感がある。現在では、市場価格は他所のものより二〇〜三〇パーセント高い。

ジャガイモ畑が広がる今金町神丘地区

現在、町のジャガイモ農家は二〇〇戸強で、生産量は九〇〇〇トン、販売高は年間七億円である。

町役場で町長の外崎秀人に会った。

「二十一世紀、食糧危機は深刻になると思います。食糧生産はますます大事。私は農家の人たちに粘り強くやろう、と呼びかけています」

　その後、町長の口から漏れた言葉は意外なものだった。

「私が心配するのは地球温暖化。この夏も暑かった。アンデス原産のジャガイモは暑さには弱い。今金男爵の未来のためにも温暖化防止は急務です。わが町も頑張ります」

「男爵イモ」物語

「男爵」は日本のジャガイモを代表する品種である。作付面積のシェア（二〇〇五年産）は二五・八パーセントで、二位のコナフブキ（一九・四パーセント）を大きく引き離しての第一位。この「男爵」を日本にもたらしたのは函館船渠《せんきょ》（現函館どっく）専務などを務めた男爵川田龍《かわだりょう》吉《きち》である。そして「男爵（イモ）」導入に至る物語にもまた、もの悲しい明治のロマンが秘められている。

　川田龍吉は一八五六年（安政《あんせい》三年）、土佐郷士川田小《こ》一郎《いちろう》（一八三六～九六）、美津の長男として高知城の西二・五キロの杓田村《ひしやくだ》に生まれた。現在の高知市元町《もとまち》である。一八五八年（安政五年）頃、小一郎は土佐藩庁の会計方に出仕、財務や税務などの仕事に就いたあと勧業局に移り、鉱山事業などで敏腕を振るう。維新時、別子銅山の接収問題を見事にさばいたのも小一郎だった。

　別子銅山は一六九一年（元禄《げんろく》四年）、江戸幕府の許可を得て開坑されたヤマで、江戸時代は大坂泉屋（後の住友《すみとも》家）の所有だった。松山藩（現在の愛媛県）と西条《さいじょう》藩（同香川県）の境に位置し、その北側の険阻な山中で、住友吉左衛門友芳《きちざえもんともよし》によって一六九一年（元禄四年）に稼動、一六九八年（元禄十一年）には近世においてー銅山としてはわが国最大量の一五〇〇トンを産出している。戦前は足尾（栃木県）、小坂《こさか》（秋田県）、日立（茨城県）と並んで「四大鉱山」と呼ばれた。同時に鉱害も引き起こし、戦前の「四大鉱害事件」とされる。

明治維新政府はその別子銅山を接収する方針を打ち出し、実際の接収作業を土佐藩に命じた。一八六八年（明治元年）、藩命を受け、別子銅山接収隊の隊長として現地に向かったのが、この年、三十三歳だった小一郎だった。

現地に到着した小一郎はさっそく銅山の封鎖に取りかかり、銅山を新政府に移管すべく住友との交渉に入るが、四〇〇〇人の鉱夫は失業を恐れて接収に強く抵抗した。小一郎はいったん、兵を引き上げ、住友家の別子銅山支配人だった広瀬宰平《さいへい》（一八二八～一九一四）から事情を聞く。

「このところの戦乱で操業がしばしば止まり、日々の糧を得られずに鉱夫は飢えている」

との説明を聞いた小一郎はさっそく救援米を取り寄せ、危機を回避したのだった。

こうしたやり取りを通じ、小一郎と広瀬は肝胆相照らしたのであろう。「鉱山経営のノウハウは住友にしかない。没収は国益に反する」との広瀬の主張に小一郎も同意。ふたりの政府筋への働きかけが功を奏し、住友の経営が認められる。その結果、別子は明治維新期におけるわが国唯一の民営鉱山となった。広瀬は後に「住友家中興の祖」と呼ばれる。小一郎もこうした功績が認められ、藩士に昇格、後には日銀総裁にまで昇り詰め、男爵の爵位を受けるのである。

龍吉、グラスゴーへ

その後、小一郎は同じく土佐郷士出身で後に三菱会社を興す岩崎弥太郎《いわさきやたろう》と出会い、意気投合、弥太郎が大阪に開いた英語塾で龍吉に英語を学ばせる。塾の教師はドクトル・ヘースで、龍吉が数えで十五歳の一八七〇年（明治三年）のことだった。龍吉はここで四年間、英語を勉強。三菱が東京に本拠地を移した一八七四年（明治七年）、川田一家も東京に居を移す。小一郎はその三菱で、鉱山経営の総括をしていたのだった。

父小一郎は龍吉に英国への造船留学を命じる。三菱会社は多くの船を抱えながら、それを修理できる技術者がいなかったからだ。龍吉の留学先は造船の本場、スコットランドのグラスゴーに決まった。

一八七七年（明治十年）三月、「新潟丸」（一九一〇トン）に乗組員として乗船、ボイラールームで機関士見習いとして働きながら七月にロンドンに到着。さらに「新潟丸」でグラスゴーへ向かい、クライド河畔の町、レンフリューのロブニッツ造船所に入所した。そこでは実習生として造船、蒸気機関設計および製造などの技術を懸命に学んだ。実習期間は七年に及んだが、この間、龍吉はグラスゴー大学の工学部に短期留学、熱機関の理論なども学んでいる。

運命の出会い

グラスゴーでの生活は厳しいものだった。ひとり暮らし、孤独な下宿生活。そして職場の造船所では人間関係にも悩み、ストレスを蓄積させていく。それらに、かの文豪夏目《なつめ》漱石《そうせき》をも精神的に追い詰めた陰鬱な気候が加わる。スコットランドの冬は、彼が育った暖かく日差しの強い土佐とは対照的に、終日どんよりとした雲が空を覆い、寒く、暗い。龍吉はしばしば激しい頭痛に襲われた。

そんななかで龍吉は留学から六年目の春、グラスゴーの書店で運命の出会いをする。その相手とは書店の店員で当時十九歳、敬虔《けいけん》なクリスチャンのジニー・イーディーである。異国で示された親切をきっかけに、ふたりはたちまち恋に落ち、手紙をやり取りし、休日などに逢瀬《おうせ》を重ねる。厳しい道徳が支配するヴィクトリア時代だったが、日本人留学生と英国女性との恋は、人目を避けながら、深く進行した。龍吉とジニーはよく、グラスゴーの街角で焼きジャガイモを食べたという。寒い冬の夜にはふたりはこの焼きジャガイモで冷えた体を暖め、空腹を満たしたのだった。

実らなかった恋

後日談だが、川田龍吉の死から二六年が過ぎた一九七七年（昭和五十二年）、ジニーから龍吉に宛てての手紙約一〇〇通が、龍吉の遺品のなかから発見される。どの手紙にも、ジニーの熱い思いが込められていた。

リョウへ。きょうはあなたの気分が良くなっていますように。先週の土曜日はご気分がよくないように見えましたので、お別れした後、もっと長い時間いっしょにいることができたら、と考えていました。土曜の午後が空いていたら、どんなに良いかとおもいます。でも、その日、働かなければならないのが私の宿命なのです。それで私は覚悟を決めました。悩んでも仕方がないし、楽しくはならないのですから。それが運命であるのなら、それを受け入れ明るく生きなければなりません。そう、明るく、明るく。あなたと別れた後、あなたが寂しい思いをしているかとおもうと胸が痛みました。
（後略）

あなたを愛するジニー

（『サムライに恋した英国娘』伊丹政太郎、アンドリュー・コビング）

男爵イモを日本に植えつかせた川田龍吉　ロンドン、1877年

だが、ふたりのこの恋は実らなかった。『サムライ

に恋した英国娘』によれば、結婚を固く約束して帰国した龍吉だったが、父親の小一郎は頑としてそれを認めなかった。土佐郷士から身を起こした小一郎が最も手に入れたかったのは「家柄」だ。そのためには川田家の後継者である龍吉の嫁は、名のある士族の家から迎えなくてはならない。「異国からの花嫁」など、問題外だった。龍吉はこの父親の反対を突き崩すことはできず、一八八七年（明治二十年）、郷士の名家楠瀬家の娘春猪と結婚する。

帰国後の川田龍吉は、三菱製鉄所の技師として活躍、グラスゴーで学んだ技術を後進に伝えたあと、日本郵船を経て横浜ドック会社の初代社長となり、わが国初の石造りドックを完成させている。その後、乞われて日露戦争後の不況で倒産の危機にあった函館船渠の再建に奔走、それを成功させた。父小一郎の死後は爵位を継ぎ、「男爵」となっている。

そして「男爵イモ」誕生

このように栄達を極めた龍吉だったが、心の空洞を抱え続けたのでは、とも思われる。その空洞を埋めるためか、一九〇六年（明治三十九年）、函館船渠会社の専務となった龍吉は、函館郊外の七飯《ななえ》村（現亀田郡七飯町）に九町歩（九ヘクタール）の農地を購入、土とともにある暮らしも始める。

翌一九〇七年（明治四十年）、龍吉は英、米の種苗業者に一一種類の種イモを注文した。このとき龍吉の脳裏に、ジニーとふたりで見たスコットランドのジャガイモ畑の光景や、冬の夜、肩寄せ合ってほおばった焼きジャガイモの味がよみがえったのではあるまいか。

種イモは翌年、到着した。さっそく七飯村の農場で栽培を開始する。そのなかのひとつの品種は、淡い紫色の花をつけ、株を引き抜くと丸い大きなジャガイモが鈴なりについていた。これこそが「アイリッシュ・コブラー」と呼ばれる品種で、北海道の気候、風土にぴったりと合った。このジャガイモはたちまち全道、さらには全国へと広がっていく。そして川田龍吉にちなんで「男爵（イモ）」と呼ばれるようになるのである。

さらに川田龍吉は一九〇九年（明治四十二年）、函館の西約二五キロの上磯《かみいそ》郡茂別《もべつ》村当別《とうべつ》の地（現北斗市《ほくと》）に一四〇〇町歩の山林原野を取得して大農場をつくりあげ、トラクターなどを使っての欧米式大規模農場のパイオニアとなる。そして一九五一年（昭和二十六年）、その地で没した。享年九十五。

では、ジニーのその後はどうなったのか。伊丹らの粘り強い現地調査の結果、ジニーは一八八六年に服地商人と結婚していることがわかった。しかし、どこで死んだのかについては杳《よう》として知れないという。

【データ　日本のジャガイモ】

わが国では年間約三七〇万トンから四〇〇万トンのジャガイモが消費されている。用途別でみると青果用が二三パーセント、加工食品用が三五パーセント、でんぷん原料用が三一パーセント、種子用その他が一〇パーセントとなっている。

青果用は外食の広がりなどのため家庭内での消費は減少傾向にあり、二〇〇三年度は八五万トン程度。逆に加工用は増加傾向にあり、二〇〇三年度の消費量は約一二七万トン。でんぷん原料用は近年は、一〇〇万〜一二〇万トンで推移、種子用は二〇〇三年度で一七

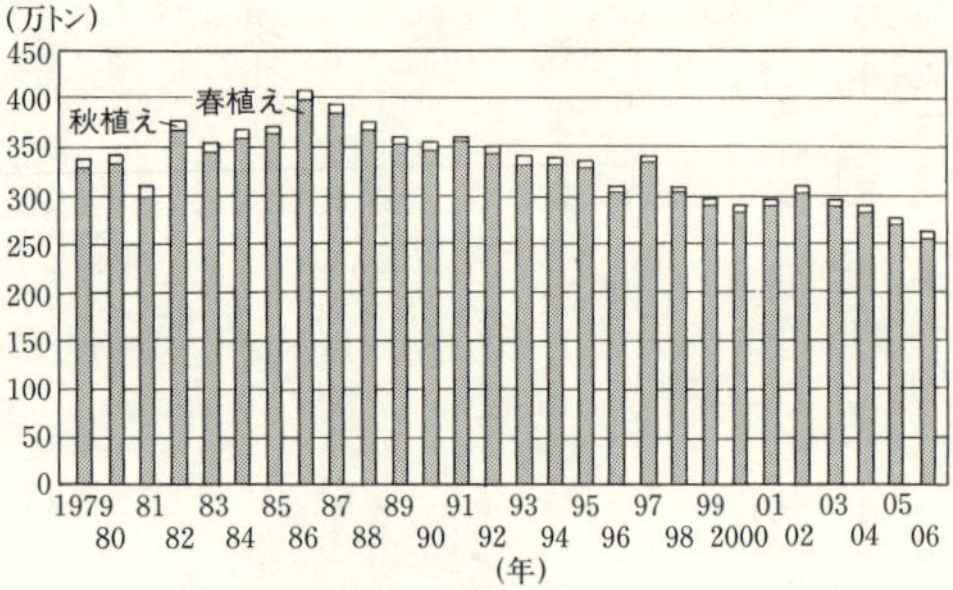

ジャガイモ生産量の推移

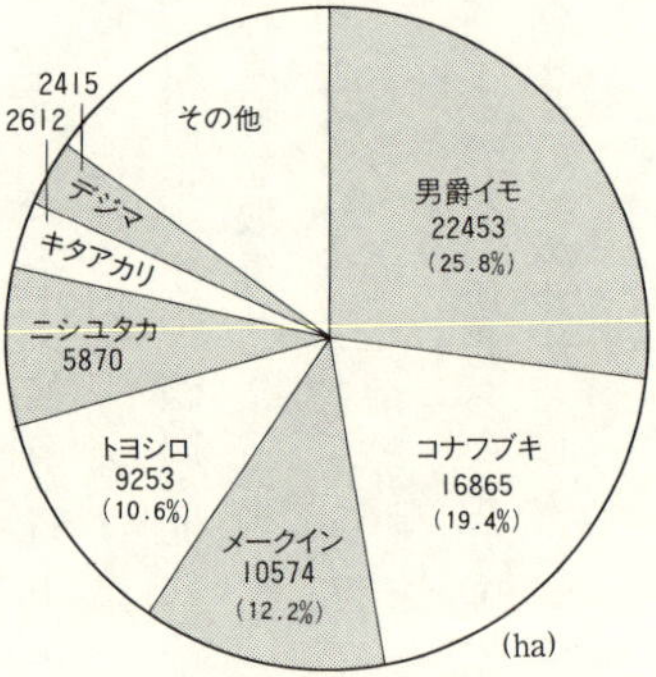

品種別作付面積（2005年）

万トンの水準だった。

一方、ジャガイモの国内生産量は二〇〇五年度で約二七五万二〇〇〇トン、都道府県別の生産量では、北海道が一位、長崎県が二位である。

また、ジャガイモの主要品種の作付面積（春作、秋作の合計、二〇〇五年産）のシェアをみると、男爵イモが二五・八パーセント、コナフブキ一九・四パーセント、メークイン一二・二パーセントなどとなっている（データは農水省資料、日本いも類研究会発行「ジャガイモMini白書」などによる）。

7　文学に描かれたジャガイモ

二色の絨毯

白い花の見事な整列だった。緑の葉の上に定規で測ったように規則正しく並び、咲く白い花。さながら白と緑の二色の絨毯《じゅうたん》だ。ここは北海道虻田《あぶた》郡倶知安町《くっちゃんちょう》字瑞穂《みずほ》のジャガイモ畑。蝦夷《えぞ》富士と呼ばれる羊蹄山《ようていざん》（一八九八メートル）のふもとに「男爵イモ」「とうや」「キタアカリ」などの広大なジャガイモ畑が広がる。ジャガイモ発祥の地ともいわれる倶知安町のジャガイモ畑の作付面積は一二〇〇ヘクタールである。

同町の作付面積の約九割を占めるといわれる男爵イモ。遠目には白く見えた花の色だが、近づいて見ると違う。淡い赤紫色。花芯《かしん》は黄色だ。

あいにくの曇天で羊蹄山の頂は望めないが、イモ畑の周囲には白樺の木立も見える。空にはひばり。そしてなにより、風が爽やかだ。聞こえるのはひばりのさえずりと一級河川尻別《しりべつ》川から引いたというジャガイモ畑を取り巻く用水路の水音だけだ。花は七月上旬が盛りで、収穫の最盛期は八月下旬から九月上旬だという。

石川啄木とジャガイモの花

北海道のジャガイモをテーマにした文学作品をみてみよう。

北海道ゆかりの歌人石川啄木の『一握《いちあく》の砂』(一九一〇年)に、ジャガイモの花を詠ったこんな歌がある。

馬鈴薯の花咲く頃と
なれりけり
君もこの花を好きたまふらむ

石川啄木(一八八六〜一九一二)は岩手県の僧家に生まれた。渋民《しぶたみ》村(現盛岡市玉山区)で成長、代用教員をした小学校でストライキを指導し、村を追われる。一九〇七年(明治四十年)

に一家は離散し、啄木は北海道に単身赴任した。そして函館の弥生《やよい》尋常小学校で同僚教師となった橘智恵子にひそかに思いを寄せる。その智恵子はジャガイモの花が好きだった。「馬鈴薯の花咲く頃と……」の歌の「君」は、智恵子だといわれる。

啄木は函館で代用教員や新聞記者をしたあと、大火で職を失い、札幌、小樽《おたる》、釧路《くしろ》を転々とした。北海道生活一年弱。上京した啄木はさらにこんな歌を残している（『一握の砂』）。

馬鈴薯のうす紫の花に降る
　雨を思へり
　都の雨に

『牛肉と馬鈴薯』（国木田独歩）

タイトルにずばり、「馬鈴薯」をうたった文学作品がある。自然主義文学の旗手、国木田《くにきだ》独《どっ》歩《ぽ》の代表作のひとつ『牛肉と馬鈴薯《じゃがいも》』がそれだ。

明治倶楽部《クラブ》とて芝区桜田本郷町《さくらだほんごうちょう》のお堀辺《ばた》に西洋作りの余り立派ではないが、それでも可《か》なりの建物があった。建物は今でもある、しかし持主が代って、今では明治倶楽部其者《そのもの》はなくなって了《しま》った。

そんな書き出しで始まる『牛肉と馬鈴薯』は、一九〇一年（明治三十四年）に『小天地』に発表された。

あらすじはこうである。

ある年の冬の夜、独歩の分身ともいえる岡本誠夫《おかもとせいふ》が桜田本郷町にある明治倶楽部を訪れる。灯《とも》火が点り、ストーブが盛んに燃える二階の食堂では、三十代の常連数人が、ウイスキーを飲みながら理想主義と現実主義について論じあっていた。

上村《かみむら》は、若い頃、北海道で理想を夢見て開墾を始めるが挫折、牛肉党（現実主義者）になったと語る。

近藤は、冷笑しながら、

「牛肉が最初から嗜《す》きなんだ、主義でもへチマでもない」

という。

岡本も主義は嫌いで、馬鈴薯党でも牛肉党でもない、と語る。岡本もまた、若い日に北海道開拓を夢見たのだが、実現しなかった。いま岡本は「万象や生死の不思議に驚きたい」という強い願望を持っている。

「宇宙の不思議を知りたいという願《ねがい》ではない、不思議なる宇宙を驚きたいという願です！」

「死の秘密を知りたいという願ではない、死ちょう事実に驚きたいという願です！」

そんな思いを仲間に吐露するのだが、わずかに近藤の理解を得ただけだった。北野昭彦はこう論評している。

独歩は生計上、世俗にまみれて文学の道を阻まれるごとに、世俗の通念や習慣を排撃し、森羅万象・生死の不思議に目を開いて驚異する心の回復により、文学者としての自己回復をはかった。この作品では、独歩の往時の理想や世俗的願望を列挙し、それを超えるものとして驚異志向を提示して、世俗の価値観との対立の構図を示している。上村・近藤・岡本の三者にはそれぞれ独歩の一面が分割投影されている。岡本の驚異志向は「主義」という既成観念を脱した近藤の態度を出発点とする。だから近藤は岡本の唯一の理解者なのだが、岡本は、冷ややかな観察者に終始する近藤をも超えて、「驚く人」になろうとする。歯切れのよい談論風の会話を中心に構成されたこの作品は、明治の文芸界に全く新しい境地を開いた思想小説として高く評価されている。

(『日本現代文学大事典』)

この『牛肉と馬鈴薯』では、馬鈴薯＝理想、牛肉＝現実とされているのが興味深い。なぜ、馬鈴薯が理想になるのか。それには独歩の経歴が大きくかかわる。

一八七一年(明治四年)、独歩は千葉県銚子《ちょうし》に生まれる。幼名亀吉。父は旧龍野《たつの》藩(兵庫県)

脇坂家藩士の家に生まれ、明治維新後は司法省に奉職した。母は銚子の平民の出。亀吉は少年期に父の転勤に伴って山口県の各地を転々とした。

一八八七年（明治二十年）、上京。翌八八年、東京専門学校（現早稲田大学）英語普通科に入学、後に英語政治科に進んだ。一八九一年（明治二十四年）には植村正久《うえむらまさひさ》の教会で受洗、徳富《とくとみ》蘇峰《そほう》に出会っている。

東京専門学校を校長排斥運動などで退学、一時、帰郷するが一八九二年（明治二十五年）に再度上京。浪漫《ろうまん》主義の同人誌『青年文学』の編集などに携わる。カーライルやワーズワースの影響を強く受けたのがその頃だ。

一八九四年（明治二十七年）、国民新聞社の記者となり、佐々城信子と結婚するが半年で離婚した。この間、北海道開拓に強くあこがれるものの、その夢は実現しなかった。

離婚後は一時、上渋谷《かみしぶや》村に住み、強く自然に惹《ひ》かれながら『武蔵野』（一八九八年）、『忘れえぬ人々』（同年）、『運命』（一九〇六年）などを相次ぎ発表し、自然主義作家として高い評価を受けるが、一九〇八年（明治四十一年）、肺結核で、三十七歳でその生涯を終えた。

北海道移住こそは独歩の「果たせなかった夢（理想）」だったのだ。そんな思いを最も色濃くにじませているのが『空知《そらち》川《がわ》の岸辺』という短篇である。一八九五年（明治二十八年）、独歩は土地の選定の目的でほとんど人の手の入らない空知川沿いの深林を、実際に歩いている。この作品の最後で、独歩はこう書く。

余は遂に再び北海道の地を踏まないで今日に到《いた》った。たとい一家の事情は余の開墾の目的を中止せしめたにせよ、余は今も尚《な》お空知川の沿岸を思うと、あの冷厳なる自然が、余を引きつけるように感ずるのである。
何故《なぜ》だろう。

【コラム　教科書に載ったジャガイモの話】

一九四七年（昭和二十二年）の小学校第五学年の「国語教科書」に次のような一文が載った。

じゃがいもをつくりに　　百田宗治

じゃがいもをみると、ぼくは、北海道のいなかを思いだす。
みわたすかぎりのじゃがいも畑のうねの向こうに、
いつもぽっかりとういていたえぞ富士。
あの山のすがたが、小さいころのことを、

いろいろ思いださせる。
ぼくが津軽海峡をこえて内地にきたのは、
ぼくの二年生のときだった。
津軽海峡の海の水が、こいみどり色にゆれて、
ぼくは、船のかんぱんに、おかあさんとふたりで立っていた。

北海道の家には、うしが四頭いた。
みんなちちうしで、ぼくによくなれていた。
うちではバターもつくったし、
こむぎこで、おいしい、やわらかいパンもやいた。
おかあさんがパンをやくそばで、
ぼくは、いつも本を読んでいた。
ぼくのいすは、小さなゆりいすで、
その下に、いつもかいねこのメリーがいた。
アカシアの花が風にゆれ、
畑では、いちごがでさかりだった。

おとうさん、
ぼくは、大きくなったら、また、おかあさんといっしょに北海道へいきます。
北海道へいって、じゃがいもをつくります。
それから、えんばくをつくります。
ぼくは、おとうさんと同じように、ちちうしをかって、
自分でバターをつくります。
やぎもかいます。
やぎ小屋のまわりには、おかあさんのおすきなライラックを植えましょう。
おとうさんに、負けないように働きます。

日本のこくぐらは、北海道だといいます。
さっぽろに農学校をつくられたクラーク先生もおっしゃった。
「青年よ、大きな望みをもて。」
ぼくは、大きくなったら、どうしても北海道へいこうと思う。
北海道へじゃがいもをつくりにいこう。
おかあさんをおつれして、
デンマルクの農業のことを勉強して、

ぼくは、いい農夫になろう。

父を亡くしたと思われる少年が、

「大きくなったら北海道に帰り、ジャガイモをつくる。いい農夫になる」

とけなげに将来の夢を語るという作品だ。

父親は戦死だろうか。

「北海道は日本のこくぐら（穀倉）」で、そこで力いっぱい働く——。戦後という時代のたたずまい、時代の精神が立ち上がってくるようだ。

終章　「お助け芋」、ふたたび？

屋上のイモ畑

横浜・桜木町駅前の「みなとみらい地区」。その一角にある横浜メディアタワービルの三階テラスに、サツマイモ畑はあった。株式会社NTTファシリティーズがヒートアイランド対策として、二〇〇七年（平成十九年）から実験的に行っているサツマイモの水耕栽培である。「畑」といったけれど、実際は二五平方メートルの大型風呂桶《ふろおけ》のような「栽培ユニット」のなかで、水に溶かした液肥を循環させながらサツマイモを育てているのだ。同ビルの場合、「畑面積」は二ユニット計五〇平方メートルである。

作物としてなぜサツマイモが選ばれたのだろうか。

第一の理由は、優れた成長性だ。一平方メートルのスペースにサツマイモを植えると、二五平方メートルにわたって葉が広がる。液肥を入れた容器をはみ出して、サツマイモは広く屋上に葉を伸ばしていくのである。

屋上のサツマイモ水耕栽培

第二の理由は、優れた蒸散作用と高い遮熱性だ。サツマイモの葉は大きく、高さも四〇～五〇センチになる。さらに葉が幾重にも重なり合うため、従来の屋上緑化の主役だった芝生やセダム（ベンケイソウ科の多肉植物）に比べ、単位面積あたりの蒸散量が大きく、遮熱効果が期待できる。

そして第三の理由は、栽培が容易なこと。救荒作物といわれるサツマイモは、瘠せた砂地や乾燥地帯でも収穫できる。風雨にも強く、その分、栽培管理が簡単なのだ。

ではどのくらいの効果が期待できるのか。同社はすでに東京・港区のビル屋上で二〇〇六年（平成十八年）から、この実験を始めている。その結果、サツマイモの葉は太陽エネルギーの八〇パーセントを吸収、芝生に比べ一・五倍の水分を蒸発させた。また、サツマイモの葉に覆われた屋上部分が二八度だったのに対して、むき出しの部分は五五度だった。なんと二七度の温度差があったのである（データはいずれも同社のパンフレットによる）。

東京のヒートアイランド現象は深刻だ。東京の平均気温はこの一〇〇年で約三度上昇、日最高気温の年間平均値も一〇〇年で約二度上昇した。日最低気温の年間平均値もまた、約四度上がっている。東京の夏の夜は、もはやクーラーなしでは眠りにつけない。

この装置の値段はどれほどか。四つのユニット（一〇〇平方メートル）が標準規模で、約三〇〇万円。芝生が一〇〇万円台だからまだ高いが、普及が進めば二〇〇万円台になるはず、と同社ではみている。他に電気代として一シーズンに五〇〇〇円、水道代三万〜四万円、肥料代六万円ほどがかかる。

同社のこの方式の屋上緑化は二〇〇六年に始まったばかりだが、二〇〇七年にはすでに八ヵ所、計約一〇〇〇平方メートルに増えた。法政大学など大学の導入もある。収穫の喜びに加え、環境教育、体験学習としても利用できることなどが、導入の理由のようだ。「富士経済」では、二〇〇八年度の屋上・壁面緑化の市場規模は七五〇億円。二〇〇四年度に比べ三一三パーセント増と予測している。

このプロジェクトの責任者、NTTファシリティーズの永田雅宏は、

「サツマイモのほかにもさまざまな作物で屋上緑化を実験してみたい。ジャガイモももちろん候補のひとつです。大都市のヒートアイランド現象がますます深刻になっている今、この試みの意味は大きいはず」

と言う。

近い将来、東京はじめ大都市のビルの屋上に、サツマイモ畑、ジャガイモ畑が並ぶ光景が現出するかもしれない。それを是とするかどうか。テレビ番組（NHK・ニュースウォッチ9）のインタビューで、川越サツマイモ資料館館長の井上浩が次のように述べている。

「（サツマイモは）昔だと飢饉のときとか戦争のときとか、異常なときに出てきた。（東京でサツマイモによる屋上緑化が登場したのは）東京の気象が異常ということでしょう」

ビルの屋上のイモ畑は、手放しで喜べる光景ではあるまい。

「だれが中国を養うのか」

近い将来、食糧危機はやって来るのであろうか。猛スピードで進む中国の経済成長という事態に対していち早く、「このままでは食糧が危ない」との警告を発したのがワールドウォッチ研究所所長のレスター・ブラウン（当時。現アースポリシー研究所所長）だった。

一九九四年、レスター・ブラウンは『だれが中国を養うのか？』（邦訳一九九五年）を著し、「人口増加による消費増加のみを考慮しても、二〇三〇年に中国では二億七〇〇〇万トンの穀物不足を生じる。これは一九九四年の全世界を合わせた穀物輸出量にほぼ等しい。さらに、経済成長による食生活の向上も考慮に入れるなら、その不足分は三億六九〇〇万トンにも達する。つまり、全輸出国を合わせても、中国によって新たに加えられる膨大な穀物需要の一部しか満たすことができない」と分析。そのうえで、「穀物物価は急騰し、世界の経済と政治は未曾有の大混乱に陥るだろう」と警鐘を鳴らしたのだった。すでに当時、中国の人口は一二億人。二〇三〇年には一六億人強となると予測されていた。

誇り高い中国は黙ってはいなかった。「中国を養うのは中国」と強く反論、李鵬《りほう》首相（当時）の中国政府は国内産の穀物の買い付け価格を二倍近くに引き上げる。この政策は功を奏し、一九九六〜九九年は年間の食糧生産が五億トン前後と過去最高レベルの生産を記録、問題は解決したかにみえた。

しかし、二〇〇三年、中国の穀物生産はふたたび落ち込んで四億三〇六〇万トンに。政府の買い付け価格の引き下げに加え、水不足、天候不順、さらには経済発展に伴う農地の収用（減少）などが追い討ちをかけたためだった。その後も、中国の穀物不足は続いている。

ひとり中国だけではない。二十一世紀の最初の四年間は毎年、世界の穀物生産量が消費量を下回った。レスター・ブラウンの警告は十余年の後の今、ふたたび現実味を増してわれわれに迫ってくる。

バーチャル・ウォーター

人口増、耕地面積拡大の頭打ちなど食糧問題にかかわる従来のマイナス要因に加え、私たちは今新たに「環境要因」も抱え込んでいる。「気温が一度上昇すると、食糧の収量は約一〇パーセント減少する」といわれる地球温暖化ももちろん大きな問題だが、ここでは水問題を取り上げよう。

地球上には約一四億立方キロメートルの水が存在すると推定されており、地球生成時からこの量は変わらないという。しかし、海水が九七・五パーセント、氷河などが約二・五パーセントで、私たちがすぐ利用できる川、湖などの淡水はわずか〇・〇一パーセントだ。

二十世紀の一〇〇年で、人口は三倍に増えた。これに対し水使用は六倍になり、地球の各地で水不足が進んでいる。なかでも地下水問題は深刻で、再生される量を上回る地下水の過剰くみ揚げは、世界で年間一六〇〇億トン。その過剰くみ揚げの地下水で、世界全体の穀物生産の約一割にあたる一億六〇〇〇万トンを生産している。穀物一億六〇〇〇万トンとは四億八〇〇〇万人分の食糧に相当するが、その生産が「維持不可能」な形で行われていることになる。

将来予測もまたシビアだ。すでに中国、インド、中央アジア、中東などの三一ヵ国が水不足に悩んでいるが、世界人口が七八億人（国連中位推定）になる二〇二五年には四八ヵ国に増えるとＷＷＣ（世界水会議）は推定している。

水不足は食糧不足に直結する。穀物一トンの生産には一〇〇〇トンの水がいる。さらに牛肉一トンの生産には七〇〇〇トンの水がいるのである。

日本の水問題を考えてみよう。アジアモンスーン地帯に位置する日本は水の国、水に恵まれた国だ。その日本が戦後、農を捨てた。食料自給率は三九パーセント（二〇〇六年度）、穀物自給率はわずかに二八パーセント。ほとんどの先進国の食料自給率が一〇〇パーセントを超えているのに、である。当然の帰結として、日本は食糧を大量輸入している。

「バーチャル・ウォーター」という考え方がある。穀物をはじめとする輸入農畜産物を国内で生産したとすると、どのくらいの水が必要となるのか。それを「バーチャル・ウォーター」とか「仮想水」と呼ぶ。東京大学教授沖大幹らの試算によると、日本のバーチャル・ウォーター は年間約六四〇億トン（二〇〇〇年度）になるという。国内消費（年間約八九〇億トン）の約七割に相当する水を海外から受けている日本。日本は水の大量輸入国なのだ。

「お助け芋」、再登場？

その日本の首都東京では毎日、五〇万人の一日の食事量に匹敵する残飯が捨てられているという。それは大量の水のムダ使いにほかならない。清潔な水が手に入らず、世界では毎年二〇〇万人以上の子どもたちが死んでいる。日本のこの所業は不道徳を通り越して、不正義である。

食糧をめぐる状況が厳しさを増すなか、ジャガイモは今後も世界の各地で「貧者のパン」として、民衆の暮らしに添い寝してくれるに違いない。そんなジャガイモに感謝と期待を忘れてはならないと思う一方で、「ジャガイモに食糧危機解決のすべてを負わせるのは誤りでは」とも考えるのだ。

繰り返すが、ジャガイモが「お助け芋」として登場する時代は「異常な時代」だ。ティアガルテンがジャガイモ畑と化した戦後のドイツ、別荘や自宅の庭がすべてジャガイモ栽培にあてられた市場経済への移行期のロシア。どの国でもジャガイモ一色に染まった時代は、民衆にとって「苦難の時代」だったことを忘れてはなるまい。

なんとも逆説的だが、「お助け芋」に頼り切るのではない施策、方策こそが今、求められている。

私はある予兆を感じるともなく感じている。未来永劫《えいごう》不変とも思われた日本の飽食状況に浮かんでは消える、灰色の、まだ曖昧《あいまい》で小さな影。それが、いつか遠い先に、ひょっとしたら「飢渇」という、不吉な輪郭を取って黒ずみ広がっていくかもしれない予兆だ。たらふく食えたのが、食えなくなる逆説、しっぺ返し。いま、そのかすかな気配はないだろうか。途方もない悲観にすぎないかどうか。

(『もの食う人びと』辺見庸)

穀物価格急騰

辺見の予兆が絵空事ではないと思わせる事態が進行している。二〇〇七年(平成十九年)十一月、ニューヨークの原油市場では、原油価格が一バレル九九ドルをつけ、一〇〇ドルに迫る勢いをみせた。二〇〇二年(平成十四年)には約二〇ドル、さらにさかのぼれば一九六〇年代が約一ドルだったことを思えば、「狂騰」というほかはない。余談だが、一バレルが約一ドルという原油の破格の安値こそが、奇跡といわれた日本の高度経済成長の大きな要因だった。

国連食糧農業機関(FAO)調査では、二〇〇七年五月に一トンあたり約二〇〇ドルだった小麦価格は、九月には同三五〇ドル近くにまでなった。

トウモロコシ価格も、それまで一トンあたり約一〇〇ドルだったのが、二〇〇六年後半からは同約一五〇ドルで推移している。

なぜ、こんな高騰が起こっているのか。ひとつには中国、インドなど新興国のエネルギー消費増がある。

穀物価格高騰については、二〇〇五年に成立した米国の「包括エネルギー法」が大きくはずみをつけた。原油高騰を背景に米政府が原油依存からの脱却を打ち出し、「バイオ燃料を六年で二倍にする」との方針を掲げ、優遇策を取ったのである。これに加え、米国のサブプライムローン（信用力の低い個人向け住宅融資）問題で大きな損失を出したヘッジファンドなどの投機マネーが、その損失を取り戻すべくいっせいに穀物市場、原油市場に流入した。穀物などの商品市場は、株式市場に比べ、はるかに規模が小さい。

現在、二兆ドル規模といわれるヘッジファンドから、約五〇〇億ドル、残高が一三兆～一七兆ドルといわれる年金基金から一二〇〇億ドルほどがそれぞれ、商品市場に投じられているとみられる（日本エネルギー経済研究所理事長内藤正久「週刊東洋経済」二〇〇七年十一月二十四日号）。実際の需要をはるかに超えての思惑買いが天井知らずの高騰を招いているのだ。穀物の約七割を輸入に頼る日本は、この価格狂騰に今後ますます、翻弄されることになりそうだ。

日本の今の食の構造はいわば「買い食い」である。そんな形が永続するはずはない。水の国日本でこそ、「農の回復」が急務のはずである。柴田明夫が『食糧争奪』で説いている団塊世代の就農優遇策や、会社法人の農業への参入、アジア諸国との「共同食糧備蓄構想」などが早急に、真剣に検討されなくてはなるまい。静岡県が展開している「一社一村運動」(一つの会社が一つの村の農を支援する運動)もきわめて興味深い。

また、農が果たしている(あるいは果たさなくてはならない)自然環境保護機能などへの正当な評価と、それへの国民の応分の負担についても、急ぎ検討されなくてはならないはずだ。日本の米そのものの年間生産額は三兆二〇〇〇億円ほどだが、国土、環境、自然保護に果たす水田の役割を金に換算すると、年間四兆七〇〇〇億円分になる、との推計もある(『日本の農業』原剛)。

食料自給率三九パーセントの「買い食い国家」ニッポン。このままではいけない——。

あとがき

日本の公害の原点といわれる足尾鉱毒事件を調べていたときのことである。北海道の原野に追いやられた鉱毒被害民がその北辺の地で、ジャガイモを栽培して生命をつないだことを知り、「この食物には何かがある」と強く思ったものだ。

その直後、入院中の叔母を静岡に見舞った。そこで偶然、一葉の写真を見た。叔母が満州（中国東北部）時代に、近所の人たちと一緒にジャガイモを収穫したときの写真である（一八四ページ）。小山のように積まれたジャガイモを前に、満州在住の日本婦人たちが顔をほころばせているセピア色の写真だった。ビタミン類にも富むジャガイモは、長く厳しい満州の冬には欠かせぬ食物だったのであろう。

この叔母にはひとかたならぬ世話になった。私は一九四〇年（昭和十五年）、当時の満州北部の街、黒龍江省斉斉哈爾《チチハル》で生まれた。父は当時の満鉄（南満州鉄道株式会社）の労働者だった。私を産んでくれた後、母は体調を崩し、家事や育児を手伝ってもらおうと内地からこの叔母を呼んだのだという。その叔母も、今年秋、逝った。満州のジャガイモについて、聞く術もない。

敗戦後、六歳で引き揚げた私には、満州のジャガイモにまつわる記憶はない。五歳上の姉に「ジャガイモについての記憶はないか」と手紙で問い合わせたところ、こんな返事が返ってきた。

昭和二十年八月の十二日か十三日、兄弟姉妹で畑に行きました。土地は耕した分だけ自分のものになったと聞いています。章治さん、あなたも一緒に畑に行ったと思います。そしてジャガイモをバケツいっぱい取って、家に帰りました。

ところが家に帰ると、ソ連軍が攻めてくるという情報が入り、母は携帯用の非常食として、わき目もふらずに煎《い》り米《ごめ》をつくっていました。ジャガイモは何もしてもらえませんでした。

引き揚げのため家を出るとき、バケツが転がり、ジャガイモは台所の床にゴロゴロしていました。

もし、姉の記憶が正しいとすれば、私の記憶のDNAにも、台所にころがるジャガイモの光景が刻まれているのでは、と思ったりもする。

同じ頃、フランス・アルザスの谷間の村がジャガイモの村であることも知った。そこは、私が勤務している桜美林大学の名前の由来ともなっているJ・F・オベリン牧師が、幼児教育と村人の生活改善に一生を捧げた地だった。

そんないくつかの出来事に背中を押され、「ジャガイモを探す旅」を思い立った。新聞記者時代の習性が抜けず、現場を踏まないとどうも落ちつかない。海外ではペルー、アイルランド、ドイツ、ロシアを歩き、国内では九州から北海道まで、さまざまな現場に足を運んだ。

ジャガイモというひとつの「モノ」を追う旅で、革命、ロマン、情熱、博愛、献身、挫折など実にさまざまのドラマに出会うことができた。ロシアにおける革命思想の原点デカブリストの乱とシベリア流刑の物語に、よもやジャガイモが登場するとは思いもしなかった。日本最初の公許女医の荻野吟子が北海道の原野の開拓、ジャガイモづくりに挑んだという事実にも驚かされたし、感動もした。

そんな旅の途上で、さまざまの人に力添えをいただいた。本文中で記した人たちのほか、小山紘、小山恵子、広川一彦、海野福寿、井上正、伊藤節子、桐山桂一、稲熊均、常盤伸、三浦耕喜、小出麻子、柳原伸洋、米山郁夫、為田英一郎、小島一彦、勝本ヒト子、山村晃、酒井孝博の各氏にはとりわけお世話になった。こころからのお礼を述べさせていただきたい。

「ジャガイモの世界史」という大仰なタイトルを掲げ、無謀にも専門外の領域にも飛び込んだ。汗顔の至りで、思い違いも多かろうかと思う。誤りをご指摘いただければ幸いである。

なお、本文中では敬称を省略させていただいた。年齢は取材当時のものである。

二〇〇七年十一月

伊藤 章治

伊藤章治（いとう・しょうじ）

1940年（昭和15年），旧満州（現・中国東北部）に生まれる．1964年，名古屋大学法学部卒業．中日新聞社（東京新聞）社会部，バンコク支局，文化部勤務などを経て，1998年，編集委員兼論説委員．2001年から2010年まで桜美林大学教授．現在，同大学名誉教授．専攻・環境史．
著書『原点・四日市公害10年の記録』（勁草書房，1971）
『タイ最底辺』（勁草書房，1984）
『夢みたものは――アジア人間紀行』（幻冬舎，1996）
『文明・産業と環境』（大学教育出版，2005）
『サツマイモと日本人』（PHP新書，2010）ほか

ジャガイモの世界史《せかいし》
中公新書 *1930*

2008年1月25日初版
2017年3月5日9版

著　者　伊藤章治
発行者　大橋善光

本文印刷　三晃印刷
カバー印刷　大熊整美堂
製　本　小泉製本

発行所　中央公論新社
〒100-8152
東京都千代田区大手町1-7-1
電話　販売 03-5299-1730
　　　編集 03-5299-1830
URL http://www.chuko.co.jp/

Published by CHUOKORON-SHINSHA, INC.
Printed in Japan　ISBN978-4-12-101930-1 C1222

中公新書刊行のことば

いまからちょうど五世紀まえ、グーテンベルクが近代印刷術を発明したとき、書物の大量生産は潜在的可能性を獲得し、いまからちょうど一世紀まえ、世界のおもな文明国で義務教育制度が採用されたとき、書物の大量需要の潜在性が形成された。この二つの潜在性がはげしく現実化したのが現代である。

いまや、書物によって視野を拡大し、変りゆく世界に豊かに対応しようとする強い要求を私たちは抑えることができない。この要求にこたえる義務を、今日の書物は背負っている。だが、その義務は、たんに専門的知識の通俗化をはかることによって果たされるものでもなく、通俗的好奇心にうったえて、いたずらに発行部数の巨大さを誇ることによって果たされるものでもない。現代を真摯に生きようとする読者に、真に知るに価いする知識だけを選びだして提供すること、これが中公新書の最大の目標である。

私たちは、知識として錯覚しているものによってしばしば動かされ、裏切られる。私たちは、作為によってあたえられた知識のうえに生きることがあまりに多く、ゆるぎない事実を通して思索することがあまりにすくない。中公新書が、その一貫した特色として自らに課すものは、この事実のみの持つ無条件の説得力を発揮させることである。現代にあらたな意味を投げかけるべく待機している過去の歴史的事実もまた、中公新書によって数多く発掘されるであろう。

中公新書は、現代を自らの眼で見つめようとする、逞しい知的な読者の活力となることを欲している。

一九六二年一一月

中公新書

地域・文化・紀行

t1

中公新書

地域・文化・紀行

t2

2194 梅棹忠夫―「知の探検家」の思想と生涯　山本紀夫
560 文化人類学入門（増補改訂版）　祖父江孝男
741 文化人類学15の理論　綾部恒雄編
2315 南方熊楠《みなかたくまぐす》　唐澤太輔
2367 食の人類史　佐藤洋一郎
92 肉食の思想　鯖田豊之
2129 カラー版 地図と愉しむ東京歴史散歩　竹内正浩
2170 カラー版 地図と愉しむ東京歴史散歩 都心の謎篇　竹内正浩
2227 カラー版 地図と愉しむ東京歴史散歩 地形篇　竹内正浩
2346 カラー版 地図と愉しむ東京歴史散歩 お屋敷のすべて篇　竹内正浩
2403 カラー版 地図と愉しむ東京歴史散歩 地下の秘密篇　竹内正浩
2335 カラー版 東京鉄道遺産100選　内田宗治
2012 カラー版 マチュピチュ―天空の聖殿　高野　潤
2201 カラー版 インカ帝国―大街道を行く　高野　潤
2327 カラー版 イースター島を行く―モアイの謎と未踏の聖地　野村哲也

2092 カラー版 パタゴニアを行く　野村哲也
2182 カラー版 世界の四大花園を行く―砂漠が生み出す奇跡　野村哲也
1869 カラー版 将棋駒の世界　増山雅人
2117 物語 食の文化　北岡正三郎
415 ワインの世界史　古賀　守
1835 バーのある人生　枝川公一
596 茶の世界史　角山　栄
1930 ジャガイモの世界史　伊藤章治
2088 チョコレートの世界史　武田尚子
2361 トウガラシの世界史　山本紀夫
2229 真珠の世界史　山田篤美
1095 コーヒーが廻り世界史が廻る　臼井隆一郎
1974 毒と薬の世界史　船山信次
2391 競馬の世界史　本村凌二
650 風景学入門　中村良夫
2344 水中考古学　井上たかひこ

世界史

e1

- 1353 物語 中国の歴史　寺田隆信
- 2392 中国の論理　岡本隆司
- 2303 殷―中国史最古の王朝　落合淳思
- 2396 周―理想化された古代王朝　佐藤信弥
- 2001 孟嘗君と戦国時代　宮城谷昌光
- 12 史記　貝塚茂樹
- 2099 三国志　渡邉義浩
- 7 宦《かん》官《がん》(改版)　三田村泰助
- 15 科《か》挙《きょ》　宮崎市定
- 1812 西《せい》太《たい》后《こう》　加藤徹
- 166 中国列女伝　村松暎
- 2030 上海　榎本泰子
- 1144 台湾　伊藤潔
- 925 物語 韓国史　金両基
- 1367 物語 フィリピンの歴史　鈴木静夫
- 1372 物語 ヴェトナムの歴史　小倉貞男
- 2208 物語 シンガポールの歴史　岩崎育夫
- 1913 物語 タイの歴史　柿崎一郎
- 2249 物語 ビルマの歴史　根本敬
- 1551 海の帝国　白石隆
- 1866 シーア派　桜井啓子
- 1858 中東イスラーム民族史　宮田律
- 1660 物語 イランの歴史　宮田律
- 2323 文明の誕生　小林登志子
- 1818 シュメル―人類最古の文明　小林登志子
- 1977 シュメル神話の世界　岡田明子・小林登志子
- 1594 物語 中東の歴史　牟田口義郎
- 1931 物語 イスラエルの歴史　高橋正男
- 2067 物語 エルサレムの歴史　笈川博一
- 2205 聖書考古学　長谷川修一
- 2235 ツタンカーメン　大城道則